一流とは何か

昭和の大物17人の人間力

嘉祥流観相学会導主
藤木 相元

嘉祥流観相学会大導師
岡井 浄幸

ロング新書

嘉祥流開運の慣習

1. 早起きは先ず開運への一歩である（98頁）
2. 洗顔で清めほほを叩き気を入れる（108頁）
3. ヘアーや顔を整えて自分をつくる（154頁）
4. 鏡の自分に笑いかけ、励まし、褒める（146頁・192頁）
5. 朝の太陽をからだ一杯まで食べる（162頁）
6. 天に向かい大声で運の誓いをたてる（174頁）
7. 朝食はゆっくりと頭に栄養を摂る（30頁）
8. 便所の潔癖が文明と人格を決める（38頁）
9. 部屋の整理や整頓などは朝決める（50頁）
10. 今日の装いは役柄を明るく決める（64頁・134頁）
11. 歩行は近道よりも大道を闊歩する（10頁）
12. 自分の乗り物よりも満員電車に乗る（74頁）
13. 忙しさは逃げないで追いかける（86頁・120頁）
14. 置物や飾りは丸か輝きか華とする（182頁）

我が師　藤木相元について

一般社団法人嘉祥流観相学会大導師　岡井　浄幸

人の一生は「顔」から始まって、最後まで「顔」が人生を構成していきます。

顔が一人一人の「主役」であり「主張」なのです。

人は誰もが0歳から出発し、三歳頃までは心のメカニズムは未完成ですが、顔は遺伝子を設計図として原型だけは作られていきます。三つ子の魂を持つ顔は、やがて脳の発達とその量の増加に伴って「心」が加わり、育ちや学びの過程と環境の中で「喜怒哀楽」がその人の顔を創り上げていくのです。

運を呼び込むご縁は「顔」であり、運は「輝く顔」に寄ってきます。

「人生は運が支配する　その運は顔が支配する　その顔は脳が作り上げる」

とする嘉祥流観相学の創始である藤木相元師は九十一歳で卒去し、今年の五月三十一日をもちまして、はや九年の月日が過ぎました。「光陰」は矢の如しと申しますが、ご存命であれば今年生誕百年という大変喜ばしい年を迎えることとなりました。師は禅宗の祖である達磨大師の「観相学」を研究し、科学的根拠に基づいた運の哲理を導き出して、〝運のカリスマ〟とも言われた観相学の第一人者として、数多くの功績を残されました。

沖縄戦で奇跡の生還を受け、僧侶として沖縄に赴き収骨や鎮魂、墓設などを行い、この経緯のなかで数多くの一流人、つまり大物と言われて昭和戦後を画いて忘れることのできない大人物との出会いにも恵まれていったのです。

こうした方々の生き様から到達したことは「人生は夢の追求」であり、ごく日常的でありきたりの「特異な習慣」を持っていたことを知ったのです。習慣とは個性作りであり、顔づくりであり、その個性がその人の人格を決める。習慣を持たない人間は「魅力人間」にはなれないということを導き出したのです。

新時代を生きる私たちが継承すべき究極の教えは
「自分の運を信じて夢を抱くこと」

「脳が顔を作り、考え方を変えれば顔が変わる。その結果ラッキーな顔には運が寄ってくる」

という極めてシンプルな運を味方につける方法を習慣とすることなのです。

本書が、運に恵まれてより良い人生を送る一助となり、一人でも多くの方が「魅力人間」となり、人生が光り輝きますようにと、心から念願致しております。

まえがき

藤木相元

私は、今数えで八八歳になる。（初版出版時）

毎日かなりの仕事に追われて疲労困憊、くたびれ果てるのだが、明くれば何故か立ち直る。ひとは上手におだてながら結構酷使する。

この歳は、自分で思ってもかなりの奇跡で、振返ると冷や汗ものだ。

学徒動員で特攻沖縄戦線へ、戦後の焦土で復興活動。鞍馬に参禅。達磨に心頭、托鉢、得度して沖縄に鎮魂と墓設。小林一三氏の芸能界から松下幸之助氏傘下への移行。東京工業大学への聴講入学で脳科学の学習から脳相学の創考開始。ドイツ留学から松下中央研究所を経て、Ｉ・Ｔ・Ｉ研究所の設立で数々の技術開発を実施。

嘉祥流観相学会の創立とその展開等々と多くの歳月を費やして、今日に至ったものである。

この経過のなかで数多くの一流の人、つまり大物と言われて昭和戦後を画いて忘れることのできない大人物との出会いに恵まれたことである。

しかし、それらの人物が、功なり名をなした思考やその道程の特色が決して天才的でもなく異常な努力の結果でもなく、ごく日常的でありきたりの「特異な習慣」を持っていたことを知ったものである。

それこそ難解なソフトやハードではないのだ。単純にして明解な生き様のパターンなのである。

よって性別不問、年齢不問、学歴不要で、多少の才覚と飢えない程度の小銭があれば、今からでも取り掛かれるお主の大物への「習慣づくり」の参考となれば幸いである。

歩行は近道よりも大道を闊歩する

近道をする奴は人生も近道する、誤魔化しますのや

写真提供：共同通信社

松下電器は、
運のええもんで固めまんのや。

……………松下幸之助

人生の大恩人、松下幸之助

天下の大通りしか通らないことを信条としたある大物を、私は今でも心から尊敬している。その人こそ、なんと言っても私の人生の大恩人「松下幸之助」その人である。

沖縄の遺骨収拾の場でご縁をいただいた東宝の小林一三社長からの紹介で、小林社長の新婚旅行の記念の温泉宿だといわれる有馬の古色な宿の一室で、私は松下社長の前に深々と平伏したものである。

「鞍馬で坊主の行をやりはったそうだすな、恐ろしおしたでっしゃろ。早雲師はわいも知り合いや」

びっくりする程の明るい声だった。

「私は技術のことは何も知りません」

と言う私に、

「だいぶ歳が増えはったけど、わてが紹介するよって技術の大学に入ってきなはれ。そうや、これからは脳の時代が来るらしいよって、ドイツのなんとかいう博士を呼んだ東京の工大がよろしおすやろ」

「そりゃあ最高だよ」

と同調する小林社長に向かって、

「松下は運のええ奴が欲しいんだす。この男、沖縄の特攻から生きて帰ってきよったというこっちゃ。人間はやっぱり運や。松下電器は運のええ奴で固めまんのや」

私はその日から、松下幸之助社長個人の隷下に入ったのであった。

東京工業大学の特別聴講生、そこから松下社長からの大恩が始まるのである。


ネジから始まった機械工学、ラルフ博士の脳科学、フロイトの深層心理学に加えて稲村博士の色彩工学は、私の一生を貫くノウハウとなるのであった。

私は鞍馬寺で達磨の文献に出会ってから、運命という哲論に人生の課題を置いていたのだが、まず三つのカリキュラムはそれを理論づけるものだったのだ。

私は狂喜した。「脳」と「相」と「運」の因果関係を結びつけることで、嘉祥大師の言う顔相論の学説を創り上げるのに成功することができたのである。

松下社長にそれを報告したとき、

「そうか瞑想か、わいは丁稚の頃から仕事しながら瞑想やったわ。そうかそうか、そいでわいの顔も人並みになったちゅうわけかいな」

ひとり言のように私の方程式を眺めながら話されたことを、今でも忘れることができない。

スパイの秘密兵器は六人の美女たち

「あんたな、二、三年、ヨーロッパに行って遊んできなはれ。本当や。日本の技術が世界を目指すのは、もうちょっとかかりよるわ。本当の松下はそこからや」

この力のこもった指令は、やがて狂喜の私をドイツのフランクフルトにまで運んだのだった。文字通り、自ら乱舞の生活をベースにして、秘かに国巡り、メーカー廻りに感動の炎を燃やして足掛け三年が経って帰社したのである。

社長は機嫌よく迎えてくれた。

「おまはんが送ってきたぎょうさんのスパイ写真、よう撮っとるがな。なんでもミノックスちゅうドイツのスパイカメラだろうと、フィルムを見て写真屋が言いよったけど、ようまいこと盗み撮りしよったもんやなあ」

と言って褒められたのだが、

「おまはん、前に先祖が平家の落人で、中国山脈で山賊しとったと言いよったけど、血は確かなもんや」

と言って、珍しく声を上げて笑われたのだ。

私は「よし、ここだ」と期を計ってカバンから数枚の契約書なるものを取り出したのである。これこそがフランクフルトの乱舞の証文なのである。

「社長、これこそが私の特撮の㊙であります」

と差し出したのであるが、どれもドイツ語の契約書である。片隅にパスポートサイズの女性の写真が貼り付けてある。

不思議そうに小さな顔写真を見られている社長に、

「これは六名の女です。国は全部異なりまして、各人三ヶ月単位で契約書通りの同棲をした女性です。この女性達こそ、お渡しした特撮の写真が入手できた秘密兵器なのです。メーカーの秘密の部屋にも彼女らと一緒なら入ることができて、研究中のものを、彼女らのウィンクで社員を酔わせているうちに撮るのであります」

「この阿呆」

と社長の眼光が私の目をまともに射た。

「金送れ、金送れと言ってきたのはこれか！」

社長は、改めて一人ひとりの写真を観察しながら言った。

「こりゃあ、おまはんの好みかいなあ」

と声が笑っている。

松下の大方針、ここに決まる

私は改めて座り直して話し始めた。

「そのようです。ところで社長、その女性達で、私は自分でも驚くべき勉強、つまり人間の真理みたいなもんを知ることができました。これは松下電器の運命にも拘わるものと推察します。

そこにあります女性達は社長のおっしゃる通り、私の好みです。それぞれ最初の一月ありますまでは素晴しく好ましいものでして、そりゃあ大切にしますが、二ヶ月も経ちますと、飽きてくるのです。早く三ヶ月の期間が過ぎてしまえばいいと、次の女性との出会いを思い描くように必ずなるのであります。

これは決して私が浮気性だからではありません。女性のなかに完全を求めて、もっともっとという望み、つまりニーズが沸きあがってくるのです。

このことなんです、社長。

品物も同じだと気付いたのです。どんな便利なものでも、役立つものでありましても、客は必ず勝手なニーズを画いて、もっともっとと完全と感動を求めるのではありませんか。

私はそこから考えました。どんな新製品でも当初からすべてを完成してはいけない。むしろ完成品を計画的に元に戻して、毎年ごとに加えていく。

つまり小出しにしながら、ニーズへの追加を続け、数年かけて万全の完成品にしていく、これですよ、社長。

ニーズは客が求め、メーカーは先刻承知、これが松下商品の中央研究所と量産へのシステムであると、お叱りを承知で申し上げます」

私はすべての本音を一気に吐いた。

社長はその間、目を閉じたまま動かなかった。私は額からの汗が流れて目に入ったが、拭うための手も動かなかったことを想い出す。

「よし、ご苦労さんじゃった」

しばらく間を置いて、

「松下商品の大方針がここに決まった」

と腹の底からの決断の声が、ゆっくりと明るく響いたものである。

思えば、昭和三一年の春も爛漫の頃であったと記憶している。

電気炊飯器第一号を亡き母に捧げる

松下幸之助氏は、私とどこを歩いても、タクシーに乗っても、私の知る限り断じて近道を通ったことのない人物であった。

「近道をする奴は人生も近道をしよります。誤魔化しますのや。本物にはなれまへんな。あの世に行くのも近道して早く行きまっせ」

この言葉と、

「おなごはんは男にとって大きな学習もんや。女が偉いのか、男が賢いのか解りまへんな」

という言葉の出るときは機嫌が良いときに決まっていたものである。

ところで私の母は、一家で一番最後に床に就きながら、毎日毎日暗いうちに床を離れ、大勢の朝食の準備と仕度をした。

私が毎日五時頃小用で起きると、表庭の井戸から釣瓶で水を汲み上げる音がしていた。母は水を家のなかまで運び込み、台所で米を研ぎ、釜に入れて水加減を計って、力で持ち上げてくどに嵌める。そして火をつけて、火加減を計りながら十三人分の飯を炊く。更には味噌汁や煮物を作るのであった。

私は毎日毎日、小用の後、眠ることができなかった。何かを手伝いながら、毎日のように母に言った。

「お母ちゃん。ワシが大人になったらな、ご飯も味噌汁も一発で炊ける電気もんを発明するさかい、辛抱しようや」

「お前ならできるじゃろうが、それまで生きられるじゃろうか」

「早いこと大人になりたいわ」

と私は自分に言うのであったが、

「あてにして待っとるわ」

といつも母は応えたものだった。

後年、私がドイツ留学の土産として松下電器で初めての電気釜を発明し、松下幸之助賞をいただいたときのことである。私はその場の挨拶で母との約束の話を語った。

このとき、松下幸之助社長から
「よし、製造品のナンバーワンは、お前の母に松下から贈呈する」

と言われた。私は大勢の役員や研究員の前であったが、感極まって、堪え切れず、のどのなかで声を上げたものだった。

そのとき私の母は既にこの世には無かったからであった。

おなごはんは男にとって学習もん

この日、社長は私に、

「夕方六時にここに来なさい」

と言って、一枚のメモを渡された。

私は上気して弾む心でそこを探し当てた。まだ三〇分も早かったが、名前通りの割烹料亭の格子戸を開けて中に入った。

三畳ばかりの土間があって、玄関に上がる沓脱ぎに赤雲母模様の美しい平石が埋め込まれている。松下社長の好きな佐渡石だ。私は咄嗟に「そうなのか……」と閃くものがあった。

社長の口から時々漏れる「おなごはんは男にとって学習もんだっせ」はここなんだと。素敵な傘入れの信楽焼が横隅に配備されている。これも社長好みの信楽物だ。

私は声をかけるのを躊躇して何故か呆然と立っていた。そのとき、表で靴音がして、家の前で止まった。「社長だ」と思ったのと戸が開けられるのと同時だった。

「おー、きみか」

「はい、今着いて入ったところです」

「よし」

と言って、中の障子戸に向かって
「私や」

と声をかけられた。

バタバタと足音がして、障子が両方に開けられた。そこの畳の上に二人の女性が両手をついて深々と頭を下げていた。

二人の手が私の目に入った。若いふくよかな女の手と、年老いた老女の手である。

「おいでなさいませ」

若い女の方は東京弁で顔を上げた。

「おいでやす」

老女はどうも京都弁らしい。

しかし、二人の顔はなんと言っても母娘であることに間違いない。

「さあさあ、案内してや」

と社長は石の上で靴を脱ぎ捨て、

「おまはんも上がんなはれ」

と私を促された。

若い女の方が私たちを奥座敷に案内した。床付きの八畳の間は格調がある。既に料理の膳が二人分用意されている。

「ここで待ってなはれ」

と言って、社長は更に奥の部屋に入って行かれた。

私が若い女の方に促されて一つの膳を前にして正座していると、

「どうぞ胡座《あぐら》を」

と言ってくれるのだが、そうはいかない。

老女が茶を持って入って来た。

「あんさんどすか、ドイツからお帰りやしたのは」

「はい」

と返事した。「やっぱり社長と関係がある。社長は私のことも話されているのだ。それほど深い二人とこの家なんだ」と思ったら、すっかり安心して平常心に戻った。だけど正座は崩さなかった。若い女の方は社長が入った部屋に消えた。

「社長はんがえらい褒めとられましたえ。お坊さんなんでっか」

「はい」

社長と若い女の方が入って来られた。やっぱり社長は部屋着の和装になって、私の前にどっかと胡座で座り、横に置かれた脇息にもたれ、

「胡座、あぐら、脇息もええよ」

と自分と同じにするよう勧められて、

「酒か、ビールか、それともワインかいな」

と会社での顔が一変した。

『りんご追分』

「社長はなんですか」

と訊くと、

「社長はんは呑みはりませんのどす」

と老女が返事した。

「わいの親父はな、酒に呑まれて家を潰したんや。ほんでな、七人いたわいの兄弟のうちの五人が栄養失調で肺病になって死によったんや。酒はわいの敵《かたき》と言うこっちゃ」

「社長はんはリンゴジュースなんですよ」

と若い女が先程から膳に置いていたコップを片手で取り上げて社長に渡すと、社長一気に呑んで、

「わいはな、大阪に来て美空ひばりの『リンゴ追分』にえらい感動したんや。そいでな、リンゴもんなら何でも好きになったんや」

私はなぜか社長の深さに触れて嬉しさがこみ上げた。

「社長」

私は突然、仕事の顔になって、

「電気釜の宣伝ですが、やっぱり美空ひばりじゃないでしょうか」

「きみが交渉しなさい。それにもう一人、男や。力道山がええ」

「美空と力道山、最高。これ以上はありませんな、社長」

と私は興奮して声を上げた。

「おいおい、おまはんも、えらい仕事もんやな」

「はい、夢の中で仕事考えるの好きなんです。私にはビール一本、お願いします」

「もっとええもん頼み。ここはいろいろあるらしいんやから」

「ほんまどす。ええお話らしいよって」

老女が言葉を挟んでくれた。

「ありがとうございます。ところで社長、この家は、この方々は……、いや申し訳ありません」

「不思議だっか？　これからもあることやから言っとくわ」

と言って、リンゴジュースを若い女に注がせて呑みながら、考えながら、休みながら語り始めた。

社長はんは神様

このときの話は、今まで誰にも話さなかった人間・松下幸之助の深い一面であった。

●小学四年の途中で大阪の火鉢屋に奉公した。

●その店の家族は、旦那と奥さんと小学四年の男の子と一歳の赤ちゃんだった。

●男の子はモダンな制服でランドセルを背負って、ピカピカの革靴を履いて近くの学校へ行く。羨ましかった。時々、子供部屋に忍んで教科書を見ていたら、ある日見つかった。心の優しい子で、私の仕事場に来て、本を読んで字を教えてくれた。

●私は一歳の女の子を背負って、鉄の火鉢を一日中磨いた。それが仕事だった。

●私は毎日が悲しかった。仕事ではなく、貧乏人の家に生まれたことが。

●死にたい、死にたいと、毎夜、子供心に考えた。

●朝になると、赤ちゃんが私のところに這って来るのが決まりになった。ブーブーと言って私に笑いかけてくる。生まれて初めて嬉しさを感じるようになった。

●その頃、女中兼店の手伝いとして入って来た小学校出たての女の子がいた。よく動く子だった。何かとかまってくれたり、自分の小遣いで飴玉を買ってくれた。「おつね」と呼ばれていた。

「そういうことなんや。この人がその〝おつね〟さんや。

そしてな、おつねさんは店の旦那の世話で嫁に行って女の子ができたが、主人は満州事変で戦死したんや。おつねさんは京都で料理屋に奉公した。娘さんは東京にいた夫の友達に貰われたが、その人も娘さんが女学校のときに病死して、それからおつねさんが娘さんを引き取ったというこっちゃ。はるちゃんいうのや。

月日が流れてな、わいは大勢の人に助けられて、どうにか会社の社長になった頃や、偶然、まったく偶然におつねさんに会ったんや。親に会ったほど嬉しかったなあ。二人で声を上げて泣いたもんやで。ほんでな、数年後、この店を出してもろたんや。稼ぐつもりはちょっともないんや。わいの客だけのもてなし所なんや」

おつねさんが待っていたかのように口を切った。

「私たち親子は、日本一の幸せ者なんどすえ。社長はんは神さんどす」

「わし、神さんちゃう。あんたたち二人こそ、わいの女神やな。

後は、はるちゃんに、こないなええ男探してな、店ごと貰ってもらうのや」

と言って、私の背中をぱんぱんと叩かれたのであった。

はるちゃんが泣き出した。おつねさんも声を上げて泣き出した。

私は社長を見た。

松下幸之助の目に涙が光っている。

私も、そう、これほど嬉しい感動の涙は今日二回目だと思いながら、正座にただし直して、松下幸之助に平伏したものであった。二人の女が泣きやむまで。

「吉田閣下、さすが聞きしに優る一級品」

写真提供：共同通信社

マッカーサー閣下、日本人は、数字の計算に甚だ弱く、
今回の戦にも破れ申したのであります。
ご拝察くだされ。

……………………吉田茂

吉田茂との出会い

私は沖縄から奇跡的に生還した、つまり特攻の死に損ないであった。昭和二一年、戦い敗れて山河に涙した京都で、死に損ないの集団をつくって会長となった。これを「南西会」と言った。南西会は沖縄での戦死者家族への奉仕から始まったのであるが、戦後の巷の紊乱を嘆いて世直しの戦闘団となって、一千人の戦士を集めて東西にその名を上げた。時に私は二三歳の青年であった。あるときは右翼と言われ、あるときは強大な暴力団とも言われたが、米国の進駐軍に立ち向かえるのは、当時この南西会だけだった。このことは前に出版した『男一匹　夢と運』に詳しく書いたのでここでは省く。

この頃、米国軍政下にあったマッカーサー司令官と、丁々発止の快刀乱麻に生命を賭けた稀代の政治家がいた。吉田茂である。

私は京都の財界にあった安井善七氏との縁で、吉田茂と会うことができた。京都に迎えた吉田総理の護衛は南西会が行なった（当時の警察は、まだその機能に乏しかったのだ）。私は吉田総理の直属となって、二四時間、行を共にしたものである。

マッカーサー、大いに怒る

ある日の宴席で、吉田氏があまりにも真剣な表情で語られた実話があった。
「今週はじめの朝、外務省に寄ったらな、GHQの司令部から呼び出しがあって、マッカーサーがえらく怒っている、直ちに出頭しろとの指令だと言うんだよ。なんのことやら解らないが、マッカーサーが怒ったというのはまったく初めてのことで、さすがの俺も衝撃で胸騒ぎが治まらん。白洲君を連れてすっ飛んで行ったのよ。GHQの表玄関に立っている顔見知りのMPの野郎の表情も、思いなしか強張って見えるのよ」

と話は佳境に入る。

「マッカーサーの副官二名が入口で待ち構えていてな、『吉田閣下、貴殿は遂に腹切りです』と同情をこめた声で耳打ちしおった。

『サンキューベリーマッチ』

俺は自分の丹田を叩いて思ったんだ。今まで何回マッカーサーを巧みに傀儡してきたか。マッカーサーは軍人であり、武人であり、最高の紳士だ。日本が生きるためとは言え、罪はすべて俺にある。このあたりで切腹も止むを得ないか。心からそう思ったら、胸騒ぎは止んだよ。俺は初めてマッカーサーの長身の顔を見上げ、決意を込めて

『閣下、吉田参上しました』

と丁重な英語で言ってから深々と頭を下げたんだ。そのとき、マッカーサー元帥は音をたてて直立不動の姿勢をとると、声を高めた。

『吉田閣下、貴殿は余を愚弄したばかりか、アメリカ国家の心情を弄んだ。貴殿が常に口にするように、敗れたと言えども国の統治者である。更に余の友人でもある。これを見よ』

と言って、一束の書類をテーブルに叩き付けた。

俺は瞬時に、このことに気付いて全身に戦慄が走った。冷たい汗が吹き出るのを感

じた。俺はこのときに『切腹だ』と本当に腹を決めたのよ」

宴席にいた全員が息を呑んだ。まともに総理の顔を見る者もいなかったと思う。化粧した芸妓の白塗りの顔に涙が流れて、ふっくらとしたそれぞれの頬の上を線を画いて落ちていく。そのとき、当日の席を設けていた安井氏が感極まったような声を上げて口を挟んだ。

「総理、ここで一服して話を止め、聞く方にも休みをもらえませんやろか」

吉田総理は夢から醒めたように、

「おおきにどっせ。わての方が疲れたわ」

と大口を開けて楽しそうに笑ったものである。そして、宴もようやく終わりに近づいた頃、安井氏が代表して、総理に話の続きをお願いした。

一世一代の本音

「どこまでじゃったかな……、そうそう書類のこっちゃよ。マッカーサーは自分の口から言ったのよ。

『貴殿は、余のところに毎日のように依頼に来られた。このままだと日本の国民の三分の一が死に絶える。勝者の国家の慈悲に縋るものであると。余は米国政府の世論を掻き立て、貴殿から報告された数字を受けて、まったくその通りの救済を行なったのだ。その量は米国にとっても膨大なものである。しかるにだ、貴殿はこの書類で明白なように、国民の三分の一に充てる一年分の量であると言っていながら、なんと全国民に支給しても、なおその三倍にもあたる量を計上してきたではないか。これは日本人全員に分配する一年分にも価する量ではないか？』

これはマッカーサーが俺に初めて見せた怒りでな、誠にもって尤も至極なんだ。三倍に申告したのは、この俺が水増しさせたのよ」

「困ったでしょうな。そのとき、総理はどないしはったんですか」

安井氏が苦しそうに訊いた。

「俺か、俺はもう腹を切るつもりやから、破れかぶれよ。声を張り上げて、本当のことを言ったよ。戦争しおった軍人の阿呆を思い浮かべて言ったんだ。

『マッカーサー閣下、謹んで申し上げさせていただくことをお許しください』

そう前置きした。全身全霊を込めて、正に一世一代の本音だったよ。

『我々日本人は未だ未開にして数字計上には甚だ弱く無知なるをもって、今回の戦にも敗れ申したのであります。何とぞご拝察ください』

と一気に言ったんだ。

突然、あまりにも突然にマッカーサーが笑い出した。白洲君も私も、マッカーサーがこんなに声を上げて大笑いするのを見たのは初めてだった。笑いながら英語で言った。『吉田閣下、さすが聞きしに優る一級品』」

最期の朝食の思い出

私は若かった。吉田総理の大物ぶりにすっかり参った。それから数日間、側に張り付いて過ごしたものであった。

しかし、朝食のときだけは、私はどうしても間が持たなかった。何しろ朝早く起きて、太極拳をやったり、私の木刀で素振りされるのはいいとして、食事に多くの時間を要し、いろいろなものを食されて、やれデザートだ、フルーツだと急《せ》かされるのだ。当時の都ホテルは一流であったが、部屋が狭いとか、天井が低いとか、ブツブツ言いながら「南西会の目的を説明しろ」から始まって、「沖縄戦争の敗因についてきみの目から見た意見を聞きたい」などと、朝食がたいそう長くなるのにはいささか閉口したものだった。私のその心中を読まれたらしく、

「きみ、朝食はな、頭の栄養なんじゃよ。西欧では食事にゆっくり時間をかけるのが上級家庭なんじゃよ。つまり知識階級ということなんだ」

と諭されたことを、未だに折々の朝食のときに懐かしく思い出すことがある。

吉田総理との最後の朝食のときのことである。

「新潟に俺が面倒みている田中角栄という政治家がいるんだ。今度の四月（昭和二二年）、二三回の総選挙に出馬しよる。数日でいいから行ってやってくれないかな。いい男だし、きっときみと気が合うと思うよ。俺から南西会という新しい右側の若き闘士を紹介すると言っておくよ」

これが吉田総理と別れる日の朝の言葉であった。

責任はおいが取るでごわす

おいは、なんも知らんばってん、
ここにいちょるばい。
責任をば、おいどんが取るだけでごわす。……西郷隆秀

西郷隆盛の孫

西郷隆秀と言えば、なんと言っても明治維新の超大物・西郷隆盛が浮かび上がる。徳川三〇〇年の封建政治壊滅の指揮に精魂を傾けたそのラストシーンは、江戸城の無血開城で、勝海舟との長考は評判になった。

「西郷はその間、あの太い眉を一度も動かさなかったのよ」

と勝に物語らせた人物は、上野公園に犬を連れて立っている。

私が伝えようとしているのは、その銅像の相貌から体格まで見事なまでに踏襲し、「なるほど」とうなずける大西郷のお孫さん、昭和の大物・西郷隆秀氏である。

私がこの西郷隆秀氏との親交をいただいたのは、氏が拓殖大学の理事長を引かれて、国際技術協力財団の理事長に迎えられた時期だった。

国際技術協力財団の事務所は、当時、政界裏面に金力を以って君臨したと記憶する金丸信の愛人が運営する赤坂の高級ビルにあった。

その頃、私の技術研究所は目黒にあったが、西郷氏の依頼で、常時二、三名の技術者を財団に派遣していたし、私も毎日、一度は事務所に顔出しをしたものである。

「春風駘蕩《しゅんぷうたいとう》」、西郷氏の事務所は、いつもそんな西郷風が吹いていて爽やかだった。

「おいは何も知り申さん」

「知らんばってん、ここにいちょるばい」

我々も従業員も、氏を理事長と呼ぶ者はいない。「西郷先生」である。

「どんな書類も、一瞥もされないのだ」

と事務長がぼやきながらも、

「理事長の印鑑も私が持って、私が決済させられています」

と、決して困った顔でなく、誇らしげに声を落として話したものだ。

「そいでね、『責任はおいが取るでごわす』ですからね、私は辛いんですよ」

この金は、私の生きているうちに返せないと思う

西郷先生は柔道五段、拓大の柔道部では学生の面倒を見過ぎて、家に持ち帰る金はほとんど無かったそうである。

逆に奥様が商いの真似事を始めたのを知って、慌てて初対面の笹川良一氏に頭を下げに行ったという。

ある人から聞いた話では、事前に電話もかけず笹川氏の自宅を訪問し、大学の名刺を差し出して、

「わけは訊かんでくだされ」

と前置きして、借金を申し込まれたという。更に加えて、

「この金は、私の生きているうちに返せないと思うので、貴殿を見込んでお願いに来た」

と鹿児島の方言で言ったそうだ。そして最後に、にっこり笑いながら、

「駄目んなら、これもんなんでごわす」

と、手で腹を切る形をとった。

これが西郷先生と笹川良一氏との親交の始まりだったということは、先生の人柄を知ってからは大いにうなずける。その証として、私は再三、西郷先生の使いとして笹川氏の事務所を訪ねたことがあった。

「電話したばってん、受け取るだけでごわす。おたんのみ申す」

それはいつでも私の役目だったようである。

何回か訪ねているうちに、笹川氏も私に話しかけてくるようになった。

「西郷先生は大物ですぞ。証文のメモ一枚置かずに、電話だけで俺から金を引き出すんだ。ところがこの間、ある所でな、大勢でめし食ったとき、隣同士に座った。すると箸袋を開いて何か書いて俺に渡すんだ。数字が書いてあるんだよ。『これ、なんの数字ですか』と訊いたんだ。そしたらな、『こりゃ、俺があんたから借りた金の本日までの合計でごわすわい』と仰るんだ。『そんな、気にせんでください』と言って別れたが、こっちのほうが気になって、手帳調べて計算してみたら、まったく百円も違わないんだな。驚くと言うよりも、怖かったよ」

私もまったく信じられなかったが、時折、客人との会話のときに、とぼけたような顔のなかに、キラッと光る恐ろしい目つきを見ることがあった。その相手は集《たか》りだったり、記者等であった。

便所だけは綺麗でなければ

先生は、私が来ている日はえらく機嫌がいいと事務長が煽《おだ》てるのであったが、西郷先生が私の顔を見て喜ばれるのには、二つのことがあったようである。

笹川良一氏への使者と、今一つは帰り道のコーヒー店立ち寄りの相手役である。

これは普通の喫茶店というのではなく、豆の種類から始まって、炒って挽いて目の前で淹れる本格的コーヒー店である。

そこに入って、ゆっくりとコーヒーの香りに浸りながら、西郷先生曰くところの「今昔の思いに耽る一刻千金の時」を過ごすのである。ただここに落ち着くためには、先生独特のあるルールがあった。

それはどんなに立派な店であっても、洒落たレイアウトの店でも、綺麗であろうとも、店に入って椅子に落ち着く前に必ずトイレに行くことを習わしとされる。何人で訪れている場合でも、気に入らなければ、

「諸君、店を替えますぞ」

と言って、さっさと出てしまうのである。

「何かお気に障ることでも……」

と店の者が心配そうに訊くと、

「口に入れるもんを扱う店は、便所だけは綺麗にごわさんと困るばってん」

西郷先生と便所の話はあまりにも有名で、本日の客に西郷先生有りと知らされた料亭は、殊更に便所を磨き上げたものである。

こうした逸話にも事欠かないほどの話であったから、先生の家の便所を拝借するときは、誰もが充分過ぎるくらい注意したものであった。

憂国と超俗の人

「コーヒーの最後の仕上げは、なんと言ってもミルクの添加でごわす」

と言って、初めての相手には必ず教えることがあった。

カップのなかでゆっくりとスプーンを回してコーヒーの回転を計る。カップの縁にミルク入れの先端を軽く置いてゆっくりと垂らし込むと、ミルクは回転するコーヒーの表面に浮上して目に楽しい模様を描いてくれるのだと。

想えば、コーヒーを味わいながら独り言のように呟かれる西郷論は、先生にしか考えられず、先生だからこその憂国と蘊蓄《うんちく》と達観とでも言えるようなトークであった。

「学生運動を絶やすと、やがて日本の政治は滅びる」

「頭の良すぎる学生ばかりだと、要領が良すぎる官僚が溢れる」

「日本がグローバルな指導者になるなど永久にあり得ない。日本の指導者は頭脳の使役のみであって、小銭の稼ぎ屋に過ぎない」

「日本の頭脳がせめて大国のノウハウとなれば、日本は滅亡から逃れられるかも」

「やがて小賢い日本の官僚と金持ちの他国の野望で、日本人は国という僅かな土地も失うであろう」

等などと、今でも不思議に私の頭に残っている。

コーヒーの時間が終わると、先生はやおら立ち上がってパンかケーキを見渡して、まずフランスパンを二本と、デコレーションなケーキを二個、所望する。パンは一家三人の朝食であり、ケーキは奥様と一人娘の竜子ちゃんへのお土産である。

これは好ましいことであるのだが、その全料金を店に尋ねることは決してない。

「では、よろしく」

と、私に目で合図して立ち上がるのである。私は金を払って、買ったものを下げて、先生の後を追うのであるが、心になんとも言えない満足感が満ち、幸福な自分を称えたものである。

どんなに遠い場所であろうと、歩いて僅かな距離であっても、先生はタクシーを止めた。

「家の前で止めてくれ」

そこでクラクションを二回鳴らすようにと運転手に説明される。

「あとは自分の家まで乗りなさい」

先生のポケットに札束はもちろんコインの一個も、私は見たことがなかった。まさに大物である。

隆秀氏の大鼾

ある日、新宿通りを走るタクシーのなかで先生が倒れられた。まったく突然である。信号停止で車が止まった瞬間、ガタッと伏せられた。声をかけても体を叩いても、なんの反応もないのである。その日は、私のほかには西郷先生の崇拝者である私の友人の高尾が同乗していた。高尾が、

「おい、こりゃあ脳だよ」

と言って、持っていた一冊の本で、

「失礼をば致しまする」

と声をかけ、頭をポンポンと叩いたら、これもまた突然に大きな鼾が口と鼻から飛び出した。

「やっぱりやられた、脳がやられたんだよ」

「運転手さん、病院だ。どこでもいい、近い病院へ行ってくれ、頼む」

と私はうろたえて叫んだ。

新宿の西口にある病院であった。個人病院にしては大きく、四階建てのビルである。三人で先生を担ぎ上げたが、その重さは異常だった。今でも記憶に残っているほどである。四階へ上がり、ベッドに仰向けに寝かせた途端、ゴー、グーと、人間とは思えないほどの大鼾《おおいびき》が部屋を圧して、なんと建物全体に響き渡ったのである。

年寄りの院長は、高尾から
「この人こそ西郷隆盛の孫で、兎に角偉い人なんだ」

と聞かされて、ひどく感動した。

「この状態ではまだ死に到っていませんが、生き戻ることは皆無です。ご当人はいい気持ちの太平楽で、生死の境をさまよっています。大病院ではこの鼾を止めるでしょうが、そのときは全てが終わります。私が預かりましょう。偉い人なら、少しでも此の世にいて欲しいです。私は薩摩の生まれで、父は西南の役で死んだのです。これも何かの引き合わせです」

と老医の目から涙が溢れるように流れたものであった。

その日から毎日、私は奥様や竜子さんを連れて病院へ通った。エレベーターが四階

に着くと、「ゴー、グウー」と先生の鼾が聞こえてくる。それが聞こえると、

「今日も元気ですよ」

と病室のドアを開けるのだった。

大物はそれから三ヶ月間鼾をかき続け、成仏された。一九八五年、昭和六〇年の正月三日のことである。

昨日を置かず、今日に就く

日劇ミュージックホールを手段としてGHQを誑《たら》し込め。生産工場のレッドパージを中止させないと日本は永久に敗北から立ち直ることができない。

小林一三

天才起業家は反官反権の人

小林一三氏が阪急電鉄や阪急百貨店を設立し、宝塚温泉をテーマパークとして世界で初めての少女歌劇団を結成した人物であり、東宝映画の創始者であることまでは訪問する以前に分かっていた。

しかし、この人物が「天才起業家」と言われる真の理由については、ご縁を得てから暫くのうちに人々から聞かされて知ったのである。

やがて私は「アイディアの神様」と呼ばれた多くの足跡とその実績の経過を知るごとに狂喜し、小林氏に対する尊敬の念を積み上げていった。

加えて、折々の面談の機会のなかで

「僕は慶応で独立独行ということを教えられたんだ。僕は反官反権の人間です」

と言われたときは、特攻帰りで世直しを実行したことのある私は、思わず頭を下げたものである。さらに小林氏は、

「僕はね、お世辞が言えない、つまり愛想がないので、人から愛されないんだよ。分

かっているが、困ったもんだよ」

と付け加えられた。

その小林一三氏に私が初めて対面したのは、沖縄の第一回収骨作業のときのことであった。

それは米軍や地元の協力で、私が主宰し創立した生存者の集団「南西会」による収骨と鎮魂の作業場でのことである。

その日は、動員による女子学生の戦死者、つまり姫百合部隊の遺骨を収容していた。私の読経が陰々と響くなかで一人また一人と遺骨を荼毘に付していく現場を訪れた数名の人物があった。

私は僧侶の姿で指揮していた。

一人の人物が私に近づいて来て、

「貴方はどちらの寺ですか」

と、しっかりと私の顔を覗かれたので、

「京都の鞍馬寺の僧です。私はこの人たちと、この地で戦った特攻の死損ないの一人なんです」

と返事したとき、その人物の目から涙が流れるのを見たのであった。

「帰って来られたら、どうか訪ねてください」

と名刺を出された。

そのときは名刺を見る間もなく別れたが、宿舎に戻ってよく見ると、ただ小林一三とだけ印刷されていて、住所も電話番号もまったく無いことに奇妙に深い親しみを感じたことを思い出す。その当時、小林一三氏は、幣原内閣の国務大臣であったと記憶している。

整理整頓の鬼

思えば後日このご縁で、氏の紹介から私は松下幸之助氏個人の隷下に入り、昭和二六年三月、東工大の聴講生として東京勤務となったのであるが、昭和二七年に東工大生として小林一三氏を東宝本社に訪ねた。

東宝本社と言えば、今でも強く印象に残っていることがある。

その後に松竹本社や芸能プロダクションといった関連企業を訪問する度に益々その違いを深めたのは、事務所のレイアウトから応接間の什器備品の配置に至るまでの整然たる配慮と清潔さに加えて、社長室の簡素にして格調高く、一切の飾りを廃した空間の潔癖さであった。

後に社員から聞かされたことであったが、社長は整理整頓の鬼と言われ、これは社員の端まで知らないものはないと言う。このことを知らないと、昨日入社した見習い社員でも三日後には間違いなく誡だという。

社長の自分を含めた就業規定の第一は、

「すべての整理と整頓は、その朝に完了すること」

とあって、当日の業務計画とその準備は言うまでもなく、心身の段取りも整えよと説くのである。それには常に環境の整理、整頓が必然であると。従って卓上に昨日はなく、塵一つも置かずの構えで当日の作業に取り組むべし、となる。

これは東宝の各映画、演劇館の現場にも適応されたと言う。

「〝昨日を置かず、今日に就く〟、これこそ達磨禅の真髄ですね」

と、かなり日が経ったある日、小林氏に言ったことがあった。

「僕はそれを知らずに東宝のシステムとした。達磨は一五〇〇年も前にそのソフトを創ったのか、偉い！」

と張り出した大きな額を叩かれた。自分を誉めたのか、達磨に参ったのか、その両方であったのだろうか。

日劇ミュージックホール開場

話をもとに戻そう。

私が社長室に案内された日、小林氏は上機嫌な顔で、

「きみ、今日はいい日に来てくれた。日劇の五階の小劇場を日劇ミュージックホールと言ってな、今までのストリップ劇とは完全に一線を画した画期的で芸術的なヌードのミュージック劇場を開始したんだ。

どうだい、勉強ばかりだと飽きるだろう。僕のマル秘アルバイト社員として手伝う

気はないか。勉強になるよ」

私は狂喜した。浅草のストリップは学友と学割で月二回は必ず観ている。

「なんでもやります」

と思わず軍隊仕込みの腰折の敬礼を二回も繰り返して、

「お願いします」

と念を押したものだ。

「よし、ただしきみは東宝の社員ではない。一切僕個人の指揮下にある。アルバイトで私の特務機関と思ってください。このことは劇場スタッフの誰にも言わない。取りあえず宣伝部あたりにきみの甲斐性で取り入ってください」

私にしてみれば、そんなこと、どうだっていいのだ。ただで舞台が観られるし、出演者とも話せるし、仕事なら学友の少年隊も動員できる。しかも小遣いが入る。「なんと俺は運がいい奴だろうか。こりゃあ沖縄の姫百合の娘の魂が俺に運をつけてくれたんだ」、本気でそう思ったものだ。

その夕方、小林氏は私を連れて日劇のホールに入った。支配人が、そしてプロデューサーの劇作家・丸尾長顕氏が小林社長に挨拶に寄って来たが、小林氏は私のことは一切言わなかった。彼らは、私のことをただ社長が連れてきた学生で、なにかの関係があると見取っただけのようである。

その日はリハーサルの日であった。私はダンサーのヌードがあまりにも美形なのに陶然とした。「なるほど、一線を画しているわい……」と心底から感動したが、小林氏にはそれが言えなかった。

「明日、来られますか」

と言われ、

「はい」

としか返事できないほど興奮していた。

「八時がいい」

と言われ、

「はい」

と返事して別れたが、驚いた。あの大物社長が八時に社に来られるのだ。

大岡山の寮に戻って、少年隊の学生に話したら、皆が感動して震えながら、

「よろしく頼んます」

と両手をついたものである。

特務拝受 ―― レッドパージを覆せ！

翌朝七時三〇分に社の前に着いた。八時に扉が開いた。秘書は既に入り口で待っていた。

「よし、入りなさい」

小林氏は茶を啜りながら説明を始めた。

「早速であるが、僕は十時から会議がある。よってきみにミュージックホールの特務を伝える。ただしこれは僕ときみだけの魂胆として外部には秘密とすること」

この前提は、私にとって実に痛快であった。

そして小林氏は、ミュージックホール開館の個人的本意を私に伝達して、その任務と作業を授けてくれたのである。

「ミュージックホールは利益を目的とする興行ではないのです。だからと言って趣味や僕のイデオロギーでやるのではありません。重大な目的があるのです。

実はきみがやっていた京都の南西会の世直し運動なるものの実績を調べさせてもらった。だからこの役を東京にいるきみに振ったのです」

小林氏は声を落として、しかしはっきりとした声で私に打ち明けられたのだ。

「あのね、駐留米軍の司令部を誑《たら》し込むのです。

日本の軍隊は敗れるべくして負けたが、吉田首相は外交でマッカーサーに勝っている。きみたち南西会も進駐米軍を相手に決死的な反省運動を展開してきたことを僕は嬉しく思った。

僕は今、米軍による財閥解体や地主からの土地解放までは許せるとしても、戦争に協力したという理由で、日本の復興に欠かせない軍需工場以外の生産工場のレッドパージ、つまり解体は、なんとしても中止させることが必要だと思っているのだ。でないと日本は永久に敗北から立ち直ることができない。きみが世話になっている松下電器もそのなかに入っている」

小林社長は吐き出すように、しかし決然として私ごときに、こう説明されたのだ。

それから私は、指図された「ＧＨＱ（米軍司令部）の〝誑《たら》し込み運動〟」に嬉々として従ったものであった。

ＧＨＱ本部は日劇から歩いて一〇分とかからないところにあった。

まず劇場の設備と装飾は日米混成の豪華と絢爛をテーマとした雰囲気を醸して米軍のノスタルジーを誘い、日本の格調を思い出に留めさせるようなものとした。

更には小林氏の一喝で休憩ロビーへと歩く天空側の廊下の壁を何箇所もくり抜いてアルコーブとし、これを素晴らしいショーウィンドウとしたのである。

私は「得たり！」とばかり、これを一流カメラメーカーに提供して、日本製カメラの展示場とした。それは小林社長の指令ではなかったが、

「きみにはこんな才覚もあったのか」

と褒められたし、米軍の賛美も得た。

アイディアの神様、本領発揮する

出演ダンサーは、当時の最高スターばかりである。例えばメリー・松原、梓かをり、伊吹まり、ミスマリリン、春川ますみ、アール・テンプル、奈良あけみ……と挙げれば限りがなく、コメディアンも、トニー谷、立川談志、ミッキー安川、泉和助などで、歌手は、田谷力三、雪村いづみ、三條アンナ……と続くのであった。

私は更に、そのなかに、秋田をはじめとして東京から福岡に至る名妓と言われる芸者の生出演を加えて、各地の応援団となる観客を動員した。これも小林社長からアイディア賞ものだと密かに賞金をいただいたが、誰一人として私の身分と立場を知る者はなかったのである。

私の役目は、社長から渡された入場優待券とパンフレットをGHQの兵士や士官にそっと渡して、「プリーズ……」と囁くのである。

米軍士官が列をなして入場する日が続いた。わけても日曜は席の半分以上は米軍で占められ、上級士官の顔も確認できた。

そのうち、私がGHQが接収していた建物に入ると、どこからか士官や兵士たちが集まってきて、

「ショータイケン、ショータイケン」

と強請するようになった。

小林社長は、このあたりで私のGHQ行きを止めた。ところが自腹で入場料を払っても、高級士官たちの訪れは絶えない。

「よし、ボツボツ談判に入るか。きみが案内せよ」

私は一掴みのショータイケンを持ち、私たち二人はGHQに向かった。

「わが社のオーナー、小林一三社長である」

と私が上級士官に紹介すると、彼は日本語で、

「小林一三サン、ヨクヨク調ベテイマス。オ会イデキテ光栄デス」

となって、むしろ小林社長が英語で挨拶し握手すると、その士官は次々と他の士官に紹介したが、なによりもミュージックホールのオーナーであることが、小林社長へ

の親しさをもたらしたようであった。

私は小林社長の名刺に招待券を数枚ずつ付けて彼らに渡しながら、「なるほど、小林一三氏は、遂に日劇ミュージックホールを手段としてGHQを誑《たら》し込んでしまった……」とその計略に胸の高鳴るほど上気したものであった。


小林氏は、その後一ヶ月にも満たない期間で、松下幸之助をはじめとして、株式会社松下電器の他六社ほどのパージを解除することに成功したのであった。

人はこれらを含めて小林一三氏を「アイディアの神様」と呼ぶのであるが、日本で初の住宅の月賦販売から電車の中刷り広告、日本初のビジネスホテル「第一ホテル」の創設等、話題は尽きない。

私の関係したものだけでも、日劇ミュージックホールの壁のくり抜きのショーウィンドウから、日劇前面の円形壁面を活用した路面のワゴン販売こそ、今、銀座本通りのワゴン販売への試作であったと言えるのである。

俺は一日三人の人格を替えて三倍の人生を生きちょるよ

私は日本一の
オートバイづくりを目指す
阿呆なんです。
……本田宗一郎

写真提供：共同通信社

わいは
昭和天皇の洋服を
つくらせてもろうたんやで。
……金沢要蔵

技術屋の啖呵

戦後、私が深く知り合った人物の中に本田宗一郎氏がいた。今をときめく世界のホンダの創始者だ。本田さんとは韓国へ行った飛行機の往復、偶然にも隣の席だったというご縁から始まった交友である。

「私は田舎の小さな鍛冶屋の倅でしてな」

から始まって、

「日本一のオートバイづくりを目指す阿呆なんです」

と言った技術屋の啖呵《たんか》を懐かしく思い出す。

「そりゃあ簡単ですよ。世界一になることですな」

私があまりにも好い加減にジョークを含めてこう言ったら、

「人ごとやおまへんで」

と関西弁が返ってきた。

「鍛冶屋さんなら、かじり付いてみたらどうでっか。戦争に負けたけど、レースで勝ったら国民は喜びまっせ」

本田さんは羽田に着くまで、まったく黙ってしまった。

羽田に着いて、タクシー乗り場へ歩いている私に、

「私の車が迎えに来ているんです。よかったら同乗してくれませんか、ショックが治りませんので」

その日の私は僧衣だったので、社員の方が不思議そうに挨拶された。

その日から本田宗一郎さんとの、まったく仕事以外の者としての親交が生まれたわけである。

夢のなかでも仕事をする

本題に入ろう。本田さんは常に「俺は二四時間勤務なんだよ」と豪語して憚らなかった。

「貧乏性でな、気が小さい自分が哀れなんだが、こりゃあ一生治らんな。いつも便所で考え込んでな、これが長年の便秘の原因なんだよ」

「気の小さい奴ほど便秘になることが実証できる。糞も味噌も手間のかかるもんだよ」と言って夜の宴席を沸かした本田の大物旦那は、どんな宴会でも十時には消えた。なんと朝は毎日五時に起床するという。これは子どもの頃から親が怖くての習慣で、私の従兄弟、藤木邦夫の脳時計とも同類がかったものかも知れない。

本田さんの父親は、どこの誰から教わったのか、日の出を頭に浴びると賢くなり、太陽を吸い込むと元気者になるのだと、自分も並んで太陽の光を浴びながら息子に教えたと聞いた。

なんとこれこそ、私が鞍馬寺で天狗住職から習った気学としての太陽食の奥伝だった。私は本田さんに対して、親しみから尊敬へと変わっていった。

本田さんは

「俺は一日に三人の人格を替えて、三倍の人生を生きることを考案した」

と親しい人に公言していた。

朝八時の工場での朝礼は作業服で、余程のことでない限り欠かさない工場廻り、そして十二時、工場の食堂で昼食。本社に向かう車の中でスーツと着替える。一時からスーツ姿で本社勤務。

そして、かっきり六時、これからだ。第三の本田の心意気は、地唄舞の国宝・竹原はんさんの選択と着付けによる羽織袴姿で始まる。地味ではあるが最高級の羽織袴である。正しく大物はここに極まるのだ。毎回、有名無名、男女に拘《こだわ》りなく招待して親交をはかり、大言壮語の法螺話に一同を夢の我が田に引き込む天才だった。

死の数ヶ月前、虎ノ門病院のベッドで、私に会いたいと呼びつけた本田さんは病気やつれした顔で、

「夢のなかでも仕事なんだ」

と言ったが、それでもまだやり残した仕事が一杯でと語り、歳月欲しさの涙が流れた。大物技術屋の一生にはこの世の歳月だけでは足りないのだ。

窓を開けさせて、表を走るオートバイのメーカーを語り、改良点を話したが、その声はわびしく消え入るように聞こえた。

プロフェショナルの魂が年老いるにつれて、私の胸をひどく痛ませた。

天才テーラー、金沢要蔵

大物の職人と言えば今一人、戦後の京都で、私たち帰還軍人が起こした世直し集団「南西会」の行動に蔭から喝采を送り続けてくれた人がいる。

当時、天才的芸術家とまで言われたテーラー（仕立洋服）の金沢要蔵氏である。この人はこの世界では、掛け値なしの大物であった。

私は、つい数年前に京都の高級養老院にこの金沢氏を訪ねたが、それが生前の金沢氏と顔を合わせた最後であった。

「わしゃ、あんたのお蔭で吉田茂さんや松下幸之助さんの背広を作らせてもらったなぁ。なんと言っても昭和天皇様やがな。吉田茂さんに頼まれて、マッカーサーとの対面に少しでも天皇様の格調を付けてくれと言われたときや、なんでやろうか、お言葉で涙が出てきて止まらなんだの。あんたも知ってくれてはるわなぁ」

養老院の食堂であった。

戦後、金沢テーラーの名は、映画界や芸能界に響き渡っていた。

私は彼から一着の新品のスーツを贈られたことがあった。特攻隊のユニホームと米軍将校の服装しか持ち合わせのなかった私に、秘かにサイズを測って作ってくれたのであった。

「南西会の会長はんやがな、いつまでもそれじゃ、ええとこに行けまへんで」

恥かしがる私に無理にそのスーツを着せてくれたことから、彼との親交が始まったのであった。

当時、芸能界の連中は、永田雅一社長であれ、高田浩吉であれ、片岡知恵蔵から市川右太衛門等だけでなく、スター達は金沢のスーツを着ることで大物と言われた。片岡知恵蔵主演の現代物『七つの顔の男だぜ』という映画で、金沢テーラーが七人の別人を表す衣裳を創作して、撮影所をはじめ観客をも驚嘆させたのは戦後間もない頃であった。

彼は私に、日頃から彼が主張して止まない人間の着用する衣服による心理構築という服装心理学から、更に一歩進めた服装哲学、ユニホーム論（軍服も含む）、なかでも世界ファッションの始まりであるインドの仏教衣装に対する薀蓄に到る学術的理論をことあるごとに、滔々と論じてくれたのである。

私はこの耳学問を今でも忘れない。私はこれを受け売りして、金沢のスーツこそ男に運をもたらすと、まだ運の学問も知らないまま法螺の風潮を流したものである。

鶴田浩二と背広兄弟

ある日のこと、大阪北のクラブで大口を叩いて飲んでいると、離れたテーブルでひと際目立つ洒落た男が大笑いしながら騒いでいるので、ホステス達も気を取られて、こちらの席がしらけてしまった。我慢できなくなった私が、

「おまん達、ここは北だっせ。もうちょっと上品にいけまへんか」

と冷やかし調で注意したものだ。

「なんやて」

相手方の一人が立ち上がった。右手にビールの瓶を掴んでいる。

「おまはん達、神戸もんかいな」

と私は静かに立ち上がって、テーブルの灰皿を掴んだ。

「山口のもんや。われ、何者や」

と一人が叫んだ。らしいのが三人いる。

「田岡が泣くぜ。南西会の藤木やが、ほんまにやる気か。受けたるぜ」

先ほど大声で喋っていた背の高い男が立ち上がって、こちらを向いて頭を下げた。

「こりゃすまんことしました。気い付けます」

と同時に、若い三名が頭を下げた。息巻いた一人が床に手をついた。

「えらいすんまへん、南西会の方々とは知りまへんでした」

私が驚いたのは、背の高い中心人物は、どこかで見かけた男であるばかりでなく、なんと気が付けば私と同じ柄と布地で、しかも洒落たダブルのスーツも同じである。

私は思わず、「金沢さんでっか」と声を上げた。

「私、鶴田浩二です」と名乗った。

「いや、こりゃあ背広兄弟ですな」

と私は側に寄って、しっかり握手した。これで店全員が拍手で大喜びしたことがあった。このスーツの縁で、私は鶴田浩二との交友が始まったのである。

その鶴田浩二も早々と逝ってしまった。金沢も鶴田もいなくなったが、今でもまだ新品に近い金沢の服が、私の洋服ダンスにぎっしりと掛けてある。

今一つ金沢のことで書かねばと思うことがあった。

南西会は当時資金調達のこともあって、内地における軍隊解散のとき、たまたま兵舎に居合わせた将校達のなかに軍の物資であった兵器以外の、例えばトラックや毛布、衣類から靴、食料加工材等々を多量に私有化して運び込み、物資に困窮する市場に売り捌いて、多額の金を取得した者が多数いた。南西会は、それらを手伝った兵隊の情報から確証を得て、次々とこれを襲って根こそぎに徴発か集金を行なったものであった。ある日、確証を固めた家に、例によって数人で突入しようとしたとき、私はいつもの特攻服でないのに気が付いたのである。金沢の背広姿であった。

「今日は中止する。事務所に戻って、どこかで乾杯するぞ」

金沢氏の言う服装哲学とはこのことであったかと、後に金沢氏に語ったものであった。金沢氏の我がこと得たりとした得意満面の顔が、彼の仕立てた服を着る度に今でも懐かしく甦って、哀感に耽るのである。

これからは笑いやで。長いこと泣いてきた国民の皆はんに存分に笑ろうてもらうんや

これからの興行は笑いと映画や。
映画は芸術にまでなるで。……………吉本せい

吉本興業生みの親・吉本せい

吉本せい、吉本興業創立の立役者として多くの芸人から〝おせいさん〟と呼ばれ慕われた難波の興行師で、大物の女傑である。

山崎豊子が直木賞を受賞した小説『花のれん』の主人公モデルとしても名高く、今までに演劇、映画、テレビドラマなどで吉本せいの波乱と苦悩の人生を演じた女優は多い。

主なものとしては、三益愛子（芸術座公演『花のれん』一九五八年）、淡島千景（東宝映画『花のれん』一九五九年）、眞野あずさ（NHK朝の連続テレビ小説『心はいつもラムネ色』一九八四〜一九八五年）、小川真由美（関西テレビ、花王名人劇場『にっぽん笑売人』一九八八年）、森光子（帝国劇場公演『桜月記—女興行師吉本せい』一九九一年）、宮本信子（テレビ東京スペシャルドラマ『花のれん』一九九五年）等々の名優達である。

私は敗戦後も間もなく、吉本せいさんを訪ねたのである。

私の親族である「山田・藤木・五味」家の一党が所有する千日前の映画館「常磐座」は、戦時中その運営を吉本に委譲していたのだが、これの解除の談合であった。ただし、当日せいさんを訪ねたこの三名は、株主一党から選ばれた代表ではなく、まして依頼を受けたわけでもない。

三名は親族にとって「不名誉な軍歴を持った戦争の死に損ない」なのであった。私は特攻でありながら〝おめおめ〟と生きて帰り、米軍士官の軍服にステッキをついての帰還。

尊敬する従兄弟の邦夫兄とは沖縄の米軍捕虜収容所で遭遇したが、彼は大学からの入隊でありながら教育中の上官侮辱罪の経歴で一等兵のまま除隊。

いま一人の五味康祐兄は、これまた上官反抗のためスリッパの百叩きで両耳の鼓膜を破られ、入院中に終戦、従って大学入隊歴を持ちながら、やはり一等兵のまま除隊。親族にとっては不肖の三人従兄弟であり、悪人であり、危険人物である。

「あの三人は戦死してくれたほうが……」、この囁きが三人の耳に入らぬはずはなかった。

「上等だよ、だったらやってやろうじゃないか」

これが、そもそも吉本せいさんの家に我々三名が訪問した理由であった。

負け戦が人をつくる

「常磐座のボンかいな」

おせいさんは三人を眺めて言った。

「えらい立派になりはって……」

「戦争に負けても立派になりましたやろか」

と応える邦夫兄に、

「何言うとるねん、負け戦が人をつくりまんのや。勝ってみなはれ、あんたらも鼻持ちならん軍人さんになってはるわ」

せいさんはきっぱり言い切った。

「邦夫はんに五味ちゃんやな、で、あんさん、アメリカさんでっか」

と私に目を留めた。私は米軍士官の服装である。邦夫兄が、

「佐用の従兄弟や」

と紹介するのに続けて私は言った。

「変装してまんのや」

「えらい肝っ玉やなあ。ＭＰに捕まったらどないするんや」

「将校の恰好やから、ＭＰは敬礼して行きまんのや」

「嬉しいこと言いはるわ。日本に、まだそんな男はん、生きてはったんかいな」

邦夫兄が説明した。

「せいお母はん、この男は沖縄の海上特攻の死に損ないでな、やはり死に損ないの兵隊を集めて、日本の負け戦の後始末を始めたんや。

『南西会』いうて、京都ホテルに事務所を置いてるわ。

右翼みたいで、全国の暴力団も一目置いてるんや。米軍の悪ガキ達も京都じゃ鳴りを潜めたがな。何しろ千人近い元兵隊の集団なんやで」

「ほんで、このボンが?」

おせいさんは私を見て、邦夫兄に念を押した。

「そうやがな。この男がそれらの頭領で、藤木いうんや」

私は、

「はい、そんなところです。よろしく！」

と直立して挙手の礼をした。

お福さんそっくりのおせいさんの笑顔

おせいさんは、突然、手を叩いて声をあげた。

「南西会やがな、それやがな。わてら、情報もらいましてな。ほんま、近いうちに訪ねさせてもろうて、頼みごとするつもりでしたんやわ」

「なんやねん、それ」

五味が初めて声を出した。

「いやね、十月に進駐軍用のキャバレー『グランド京都』を吉本でオープンしたんやが、女の子が米軍を怖がって集まりにくいのや。ＭＰまでが送り狼になるのやて。京都の吉田親分に聞いたら、日本の警察はあかん、南西会やったら、ＭＰも手が出せへん言うて、マル秘の警備契約をしなはれと言われてな、頼みに行くとこやったんよ」

と言う。私はすぐさま言った。

「護りますよ。来てください。高尾という担当に話しておきます」

「やー、嬉しいわ。二、三日中に行くよって、よろしゅう」

と娘のようにはしゃいで、ふと真面目な顔になり、

「ところで、ボン達、あんたらの用件はなんやねん？」

と訊ねた。

「それなんやが、せいお母はん……」

邦夫兄は、常磐座を吉本で買い取れないものかと切り出したのである。

「それ、株主、みんなの意志だっか？」

と切り込まれて、

「違うんや」

と邦夫兄は言い放った。

「わいら三人と協力した株主で分けるんや。それが世のため人のためになるんや。

お母はん、わいとこの株主の阿呆たれ親族の顔ぶれ、分かるやろ」

五味が吐き出すように言った。

「考えとくわ。その代わりわての言い値だっせ」

「せいお母はんのこっちゃ、任すがな」

と邦夫兄は言いかけて、

「株主みんなのハンコ、要るんかいな？」

と我々三人が一番困ることを尋ねた。

「おまはん達、えらい悪やよって、わても手貸したるわ。大阪一番のハンコ屋、教えたるがな」

このとき、おせいさんのニタッと笑った顔が、床に置いてあったお福さんの笑顔そっくりだったのを今も鮮明に思い出すことができる。

これからの興行は笑いと映画

話に夢中だったが、奥の部屋から、漫才のやりとりの打ち合わせと、そのキッカケ渡しの練習の声が時々大きく聞こえていた。

今、それが終わったらしい。二人の芸人が部屋から出て、おせいさんに挨拶に来た。どこかで見た顔だった。彼らは私達にも頭を下げて帰って行った。

「ボン達よ、これからの興行は笑いと映画や。戦争でな、長い間泣いてきた国民に、これからは存分に笑ってもらうんや。これが吉本やがな。

それにな、映画は芸術にまでなるで。映画の時代が来るんや」

吉本せいさんが、このとき私達に熱っぽく吐いたこの台詞こそが、「大吉本」のイデオロギーとして今日を成したものである。

常に大衆の顔を見、会話を聞くことを忘れない

それから幾年かが過ぎた。劇場の取引は密かに行われた。

邦夫兄は、大阪の四天王寺高女の教諭となった。英語の担任をしながら演劇部を創設し、後に多くの有名タレントを世に送り出した。

五味兄は小説家となった。一九五三年『喪神』で第二八回芥川賞を受賞。後、『柳

生武芸帳』などの剣豪時代小説で一世を風靡し、「五味の柳生か、柳生の五味か」とまで評され、それらの幾多の作品は映画にもなった。

一方、吉本せいさんは、昭和二五（一九五〇）年三月一四日、大勢の芸人に慕われながら逝去したのである。

私達三ボンの戦後の人生は、あの日、あのときの吉本せいさんとの僅かな会話から始まったように思えると、今はもう揃うことのできない三人で、よく話し合ったものである。

私は、京都の南西会とキャバレー・グランド京都との警備契約の実施や事件の報告で、幾度もおせいさんと面談することがあったが、その信念と決断力の見事さは、私達南西会の幹部ですら舌を巻き、羨望の的であった。

おせいさんは、大阪の千日か天満の天下茶屋から、よく京都に来られた。

多忙なときは一日二往復することもあったが、一度も自家用車で来ることはなかったものである。

おせいさんは、なるべく満員の電車に乗るのだと言われた。常に移動中は大衆の顔を見、会話を聞くことを忘れない。それによって新しいニーズを見つけるのだと言うのである。

人を笑わすちゅうことは笑いごとじゃおまへん

そう言えば、三人でおせいさんの自宅を訪ねた帰りの電車で、少し前におせいさんの家の奥の部屋で漫才の練習をしていた芸人の二人に出会ったことがあった。

五味の兄が、

「ご苦労さんでんな」

と声をかけた。

このとき初めて、彼らが当時一世を風靡していた「エンタツ、アチャコ」であることに気がついた。

二人は私達三人を眺めて言った。

「人を笑わすちゅうことは笑いごとじゃおまへんで」

小柄なエンタツが真面目くさって言った。

「そりゃ、ほんまだっせ」

と大柄なアチャコが念を押した。

この言葉は、当時の私達三人の頭を叩き、強く沁み込んだ。

何故か三人とも、生涯この言葉が頭の後ろにこびりついて離れなかったものである。プロ魂の囁き声、これであった。

これこそ、戦中戦後の時代を生き抜き、今や吉本抜きで興行は組めないとまで言われる「吉本興業」に生き続ける大物興行師・おせいさんの根性の成果ではなかろうかと、私は常々思っているのである。

暇になったらおしまいなんだよ。忙しい間が花なんだ

必要なのは〝才覚と銭〟じゃよ。生きていく知恵よ

写真提供：共同通信社

わしの大法螺が通用しているうちは
日本も発展するよ……………………田中角栄

人の知恵を盗む

高等教育を受けられなかった学歴で首相にまで上り詰めたことから「今太閤」と呼ばれ、コンピュータ付きブルドーザーと形容される精緻な知識の量とダイナミックな行動力の大物政治家と言えば、正に田中角栄をおいてなかろうと思う。

今の政治家達の国民を笠に着た政治と称する蠢動に比べて、それは確かにダイナミックであり、明快にして実に開放的であったと、今でも私は断言して憚らないのである。

私が京都で公私にわたって吉田茂首相に数日間仕えたとき、

「田中角栄という政治家がいる。きみと気合が合うと思うから、（二二年の）四月の選挙に新潟へ行ってくれ、頼む」

と言われたこの言葉こそが、私が田中角栄氏に深く傾倒したきっかけだったのである。

氏が、常に事に当たって適切にして明快な英知や才覚を発揮して、その知量の幅を知らしめるようになったのは、次のようなことを契機としているという。

「本当のことを言うと、わしゃ気が小さい。臆病者でな、学校にも行けないほど貧乏だった。そこで、人様の頭から知恵を盗ることに決めたのよ。

と言うのはな、銭がある奴は高等な学校に入ってよ、なんのことはない世界の先人達や偉い人の頭から知識を盗んで自分のものにするんだな。その手引きをするのが教授ちゅう奴よ。

そう思ってから、わしゃ、ある日、人の知恵を盗むことに決めたのよ」

私はそれを車のなかで、二人きりのときに聞かされたのである。

「今でもな、わしゃ、政治家よりも官僚達のほうが専門的な知識は遥かに多く盗んで持っとるのを知っとるよ。

盗んだ奴から盗むのよ。だから、わしゃ、その知識を盗むために、うまく交わるのよ。活用するこっちゃよ」

私は平伏した。この人には誰も勝てんぞと。そう思ったのは昭和二二年の春のことだった。

「田中角栄は政治家になることを決心した。この越後の山から日本一の政治家が出るんだ。それは田中角栄という男、すなわちわしや」

から始まる大演説は、大げさではなく会場を圧し、街に響き渡り、山にこだましたものだ。

邪魔になる山は全部爆破する

調子づいた氏は、断乎たる公約を毎回放って、自分から涙を流して感動した。

「不肖田中角栄が当選した暁には、東京からこの越後の新潟に新幹線を走らせることを諸君に約束する。

なんと東京とこの新潟は一五〇分で繋がる。六時間もかかる東京は、一五〇分だ。

夢の時代をこの田中角栄は約束する」

聴衆者には、我が南西会の新潟会員を「さくら」の役目で常時参加させている。

「田中角栄氏に万歳！　新幹線ができたら、東京へ仕事で通えるぞ。田中先生こそ新潟の救世主だ。頼みますぞ！」

「解ったぞ、よっしゃ、よっしゃ」

と手を振っている氏に、大衆の一人が大声を張り上げて質問した。

「田中先生、新幹線を通すにゃ、この越後を塞いでいる山、山をどうするかね」

このときである、氏の驚くべき大法螺が明快に答えた。

「わしゃな、土建屋じゃよ。邪魔になる山は全部爆破する」

群集の一人が、これも大声で真剣な声を上げて迫った。

「先生、あの山々を爆破するのはいいが、その土と石だが、それをどうするかね」

角栄氏の答えは、更に確信を込めた大法螺を放ったものである。

「海を埋めるんだ。佐渡に歩いて行けるようになる」

「さくら」の連中が、ウォーと唸って拍手すると、全員が口を開けて拍手の嵐だ。

私が前座でやった田中角栄氏を賞する演説は、南西会の世直しの実話を入れ、吉田茂氏の話に加えて、その総裁からのたっての依頼でここに居ることを語った。

この話は「さくら」に本当にうけて、

「次は貴方の番ですぞ、楽しみに待ってますぞ」

と群集を煽って場内が大喝采になったのには正直喜べないものの大いに興奮したものである。

利口な顔して阿呆になる

この四月、田中角栄氏は当選した。

かくして、田中角栄という大政治家の栄枯と盛衰の運命が始まったのであった。

昭和二二年　一〇月第二次吉田茂内閣の政務次官となるのだが、一二月には炭鉱疑獄で逮捕となる。

昭和二四年　二四回の総選挙に拘置所から獄中立候補し再選。保釈され、その後、無罪となる。

昭和三二年　第一次岸信介内閣で郵政大臣に就任した。戦後初めての三〇歳代の大臣となった。

氏の快刀乱麻の活躍は、ここからスタートを切った。
まずテレビ局と新聞社の系列化を進めた。その過程で氏は、官僚とマスコミを掌握したのだ。これこそ氏の飛躍の原動力となるのである。

昭和三八年　第二次池田勇人内閣の大蔵大臣となり、佐藤栄作内閣まで留任。
昭和四六年　第三次佐藤栄作内閣で通商産業大臣。

その間、私も南西会の活動から、鞍馬山の信楽早雲師とのご縁を得、参禅修行から得度、沖縄に収骨と鎮魂の墓設。その折に出会った小林一三氏のご縁からやがて松下幸之助氏の私設秘書として東京工大への特待生で脳科学を学んだ後、ドイツに留学。フランクフルトを基点にしてヨーロッパの工業開発の見聞に三年を費やして大阪に戻り、昭和三一年、松下中央研究所に籍を置いた。

田中角栄氏に報告面接に行った日、氏はまだ総理ではなかったが、早朝を目指して目白の自宅を訪ねて驚いた。門前市を成すとはこのことか。訪問者は既に田中家の門前に列を成して待機しているのである。

私はすぐに大阪に戻らねばならなかったので、面識のある世話役に頼んで裏門の木戸から入れてもらった。

広い応接間の扉の前で、またまた待たされた。

「分かった、よっしゃ！」

と、氏の懐かしい声が扉を通して聞こえた。

五人くらいの面会人が、晴々とした顔で扉から出てくる。次の組から更に次へと面接は流れるように運ぶのである。

「よっしゃ、頭に入れた」

と言って、扉まで送ってきて肩を叩いている人もいた。よく見ると、テレビで見かける政治家である。

「おお、戻ってきよったか、愛すべき悪餓鬼の友よ」

と言って、田中角栄氏は大きな椅子から立ち上がって、私の肩を前から抱え込んだ。私は頭の血が一気に額に集結して、目から止めどもなく涙が流れるのを、どうすることもできなかった。この情景を、今でも鮮明に思い出す。

そのとき、私が

「この大勢の人や忙しさをよくも捌けますね。政治家とは、よっぽど脳が多いのか、我慢がないと成功しませんね」

と感心して質問したときだった。

「きみ、政治はな、暇になったらおしまいなんだよ。忙しい間が花なんだ。どうやって逃げるかでなく、どうやって追いかけ続けるかなんだ。利口な顔してな、阿呆になることなんだと、この頃、ようやく分かってきたのよ」

この言葉は、長く私の頭に残った。

必要なのは〝才覚と銭〟

昭和四七年六月『日本列島改造論』を出版、私の手元にも配本された。前年には東北新幹線の計画の改定を強引に通過させ、意気は益々軒昂を極めた。

昭和四七年七月、ついに田中内閣の成立。大正生まれの史上初の首相が生まれたのであった。

私はその大祝賀会で、新潟に参上した。

「『日本列島…』、拝読させていただきました」

と、その労をねぎらうと、

「どうじゃった、きみの脳科学者としての評価は」

と問う誇らしげな笑顔に、私は正直に答えてしまった。

「先生の法螺も益々佳境に入りましたようで、誠に慶賀です」

それに対して氏は、

「ホー、やっぱりきみは救い難い男よ。ありゃな、わしの日本国への宝くじだよ。俺の大法螺が通用しているうちは、田中内閣は健在じゃよ。日本も発展する。きみ、分かるか」

更に付け加えて言い放たれた頼もしい田中節も懐かしい。それがいやに真実のこもった言葉として私の耳に残っていて困ることがある。

「きみ、これからの政治家はな、高邁な人格はどうでもいいよ。高度な学歴も不要じゃ。必要なのは〝才覚と銭〟じゃよ。生きていく知恵よ、成功への才よ。全部合わせるとな、どうも悪知恵ちゅうのに近こうなるのよ」

数々の思い出と「薀蓄」を残して転落の末期、それでも闇将軍と言われ、やはり門前に列の絶えることのなかった「よっしゃ、よっしゃ」の多忙を追い続け、昭和六〇年、脳梗塞で倒れるまで、それは続いたのであった。

この田中角栄氏の政治人生の陰陽に必ず見え隠れした人物に「私の記憶にありません」で有名な小佐野賢治という戦後の財界の一人がいた。

ある日、三井不動産の江戸社長と二人で、小佐野氏を訪問する機会があった。

そのとき、私は、

「社長は、何故政界にはお出にならないのですか」

と訊ねたものである。

「私はそれどころではありません。三井さんの長年に渡るシステムじゃありませんよ。私しかできない仕事でして、忙しくて忙しくて、毎日それを追いかけているだけなんです。政界に出るよりも、政治家を活用する方が、私には必要でして」

とはっきり返事されたものだった。

私たち二人は後で、

「さすがに戦後の大物ですね」

と本音で意気投合したものである。

やはり忙しさを追いかけて処理している大物が、ここにもいたのである。

捕虜対米軍チームの野球大会で大活躍した日本人応援団長

中隊長殿、
我々学徒の餓鬼でも陛下の兵士、
傷つけてもええのでありますか。……………藤木邦夫

たとえ標的の餓鬼でも、陛下の士である

昭和一八年一二月の大晦日が迫った朝のことだった。

兵営に起床ラッパが鳴った。恐怖の朝の起床の音に弾かれ、慌てふためいて軍装を着す。最後に戦闘帽だ。無い、無い、無いのだ。

次々と学徒兵が表に向かって兵舎を飛び出して行く。俺は兵舎内を這いずり廻った。無い！　兵庭では既に点呼が始まっている。「いじめか……」。パニックで判断力を失った頭に「やりやがったな」という反発心がこみ上げた。

俺は帽子無しで靴を履き、走った。自分の班の一番先頭に立って、不動の姿勢をとって台上の中隊長に対した。

「なんだ、その恰好は？　戦闘帽をかぶらない兵隊はないぞ！」

俺は中隊長の顔に、恨みを投げつけるような思いで、

「無くなっているのであります」

と気力を込めた声を発したんだ。

⦿藤木邦夫

班長である軍曹が走って来た。全員が整列している前で、

「藤木学徒兵、二歩前へ！」

直立不動をした俺の顔面に、ノモンハン帰りの軍曹の鍛え上げた鉄拳が飛んだ。

俺は倒れなかった。

二発目で鼻血がドッと流れ、三発目でその血が顔面に飛び散った。俺は不動のまま若い中隊長を睨みつけていた。

突然、

「気を付けー！」

中隊長が険のある声を張り上げた。

「学徒兵の貴様たちに言う。ここは大学の合宿での兵隊ごっこではない、名誉ある帝国軍人の練兵場である。軍人精神を叩き込む所だ。貴様らのような柔弱な娑婆の学生あがりの士官では敵さんの標的にしかならんが、餓鬼も人数だ！　自官は陸軍士官学校の鉄拳をもって初年兵の訓練を行うものである。判ったか」

俺の軍隊に対する根底からの反発は、ここから始まったと思う。

「中隊長殿に謹んでお尋ねします」

俺は憤怒の声を張り上げた。

「この野郎！」

と軍曹の四発目が顎を撃った。

俺は一歩も引かなかった。

「隊長殿、自分も国の命令によって徴兵された天皇の兵士と心得ています。ならば、その兵士の身体に傷つけることはなんと説明されますか」

俺の言葉は血を吐く勢いだったことを思い出す。

「たとえ標的の餓鬼でも、陛下の士であると思うのでありますが」

「貴様、上官をなんと心得ているのか」

軍曹が顔色を変えて俺に向かって手を上げた。

「上官の命令は陛下の詔《みことのり》と心得ています」

俺は言い切った。五〇名の学徒兵は寂として音もない。

「軍曹、待て。この問題は上官侮辱としての手続きを取る。結果は後日公開する。以上、解散！」

朝の起床の極意を学習

この事件は大問題となって発展した。

「俺は年末から正月の五日まで、兵舎の重営倉に入れられたんだよ。重営倉の中で我が身を嘆いていたわけではないぞ。日本の軍隊の愚劣さを知ったのよ。それと、朝の起床の極意だけでなく、時間の決め事を脳にしっかりインプットすることの得策も学習したんだな。だから、今でも、どんな時間によらず頭が先に起きる習慣がついた。哀しむべきか、了とすべきなのか」

大きな成果があったのは、以来、学徒兵に対する暴力制裁は影を潜めたことであった。ただし、陰険極まりない制裁のアイディアが後を絶つことはなかったらしい。

実はこの話は、私の従兄弟である藤木邦夫という男の実話である。

彼は大阪の関西大学から学徒動員で入隊した。しかし、入隊後、実家にも親族にも彼の兵士としての消息は一切不明であった。

先に記述したエピソードは、戦後、私が米軍のキャンプで彼から聞かされた話であった。彼が初年兵として入隊した訓練中に犯したとされる上官侮辱の罪過によって、兵役中のすべての人権が抹殺されていたのだ。更に加えて、彼の階級は最後まで「一等兵」に留まったという。当時、日本軍を相手に最後まで闘い続けた兵士は彼しかいなかったであろう。これだってたいした大物と私は断言できるのである。

日本軍は負けるべくして完全に敗北した。

私は海上特攻として沖縄の壊滅戦に参加したが、不思議にも重傷の身で俘虜となって、米軍の捕虜収容所に入所したのである。

米軍野戦病院の治療を受けて傷も癒えかけた頃、私は軍医の指名で収容所の文化部長となってしまった。俘虜の軍団は約二千名であったが、日々その数を増していった。

捕虜になるということは、日本帝国軍人にとって死に値する恥辱であった。兵士の心は荒んだ。喧嘩、口論、賭博、流言飛語……、やがて毎日のように起こる脱走と射殺に加えて自殺が重なった。これらを宣撫する方法を見出すことと、それを実行する役目に米軍は入院中の私を指名したのであった。

私は収容されていた下士官達と談合の上、取り敢えずキャンプの中で野球チームをつくり、米軍のチームと公開試合を行なうことにした。また、キャンプに大劇場を仮設して、毎日夕方から懐かしい日本の旅芝居を演じ、班単位での観劇を楽しませることにしたのである。

劇場が創られようとしていた。そこで、まず野球からスタートした。

奇跡の再会

いよいよ兵士たちが待ちに待った米軍との試合の日のことである。日米ともに満員であった。そのとき、日本兵士の観覧席から
「ワァー」
という騒ぎが起こった。
一人の兵士が米軍から支給されている捕虜の制服を裏返しに着て、手造りの大型扇子を半開きにして旋回させながら座席から飛び出した。

ほぼ同時に、やはり上着を裏返して着た三〇人ほどの兵士たちがこれに続いた。捕虜の上着の背中には大きく「P・W」と印してあるのを裏返すことで見えなくし、せめて米兵士に抵抗を試みたのである。

全員の喝采のなかで立ち上がった兵士の扇がさっと開いた。

「フレー、フレー、ニッポン」

「フレー、フレー、ニッポン」

懐かしくも、戦前の大学がダイナミックに見せてくれていた応援団の再現であった。観覧席の兵士たちも全員が狂ったように同調する。

対面の米軍は一斉に立ち上がった。

暴動でも起きるのではないかと心配しながらも、応援団長の扇舞の見事さに、捕虜である日本兵達は喝采し続けたのである。

私はそのとき隣に座っていた米軍軍医から慌てて双眼鏡を借りて、件の団長に焦点を合わせたのである。

「やっぱり……そうだ」

その団長こそ、紛れもない私の従兄弟の藤木邦夫に間違いない。

応援団長に手渡された特別賞

関大に名物男ありと言われて、再三見物に連れて行かれた邦夫兄の扇舞が、戦い敗れて生きていたのだ。

しかも、沖縄の捕虜の仲間としてここに遭遇するとは、なんたる血縁か、幸いなる遭遇であることか……。

私はこの事を軍医に報告して、試合開始寸前のグランドを邦夫兄に向かって真っ直ぐに走ったものであった。

試合は開始した。轟々たる喚声のなかで、日本軍が勝った。

それぞれ勝利に導いた選手の兵士には、驚嘆するほどの賞品が渡された。

最後に米軍軍医から応援団長に特別賞が手渡された。

邦夫兄は得意の英語で感謝の言葉を述べ、米軍兵士達も賞賛の口笛を吹いて邦夫兄を称えた。

そのとき、邦夫兄の顔がくちゃくちゃになって、溢れ出てきた涙が止まらなかったを、私は今も忘れられない。

邦夫兄は、戦後、大阪の四天王寺女子高の名物教諭となった。卓越した語学力と、好きだった演劇を活かして演劇部を創設し、全日本の高等女子学校の演劇活動に大きな功績を残したのであった。後に四天王寺高女出身で、邦夫兄によって今日を得た芸能人には、金井克子や由美かおるなどがいる。

それにしても、邦夫兄の、日本の軍隊を相手にした命懸けの闘いこそは、あの関大の名物応援団がつくり上げた大物の根性であろう。

日本の軍隊のあまりにも愚かな実情を知った私は、この邦夫兄を心から賞賛していたのであるが、その邦夫兄も、今はもういない。戦後は遠くなっていく。

人間は生きている以上、気やで。気が抜けたらなんにも出来ん

写真提供：共同通信社

朝の洗面で顔を清めた後、
ほほを平手で強く削《はつ》るのだ。
赤く色づいた顔を水鏡に映して今日が始まる。

……五味康祐

奇行の人

剣豪を扱った歴史・時代小説をはじめ数々の作品を発表、特に柳生十兵衛など柳生一族を扱った作品で知られ「五味の柳生か、柳生の五味か」と評された小説家・五味康祐は私の親戚で、生涯兄貴分として従服した奇行の人物であった。

何しろ子どもの頃からチャンバラ遊びが好きで、夏休みなど大阪から私の田舎に大人について必ずやって来る。私が統括する洟垂れ小僧の集団に、ざらめ糖付きの大きな黒飴を毎日一人一個ずつ土産と言って渡して、彼らを切られ役にするのである。

五味少年は大阪育ちであるだけでなく、大阪の大興行街千日前の筆頭映画館『常盤座』の親族オーナー会の一人っ子である。だから、小さな頃からチャンバラを何回も見ている。五味剣士の演じる主役は毎日変わり、その役を洟垂れ小僧たちに語り聞かせる。役柄によって、チャンバラの型も変わるのである。

小僧たちにとっては、これを聞くのがどんな勉強よりも楽しいことなのであった。ある日は「国定の忠治」であり、あるときは片目の「森の石松」であったり、「近藤勇」だったりするのだが、彼の一番好きな剣士はなんと言っても片目片腕の「丹下左膳」である。富山のだるま印の薬袋から、あかぎれ膏薬を取り出して片目に貼り付け、絣の袖を空にするため右手首を紐で結んで腹に縛りつけた。

今、想っても悲壮な役づくりだし、剣はどこで手に入れたのか舞台用の銀紙を貼った擬刀で、ひどく大切にしていた。どこで覚えたものか、武士と渡世人や町人の切られ死にの型の違いまで教え、うまく切られた者には、いつでも腰に下げていた袋に手を入れてコンペイトウを何個か与えた。

思えばこの悪餓鬼の奇行癖は、彼に大きな快感とロマンをもたらさずにはいられなかったのであろう。

照れ隠しの大技、霊柩車で「五味康祐、唯今参上」

私も彼も大学からの動員だったのであるが、帰って来たときは、私は米軍の服装だし、彼はなんと一等兵のままだった。上官に顔を殴られ、片耳の鼓膜が破れて聞こえなくなったと言う。私は米軍の手先でスパイだったのかと思われ、彼は何事かで軍隊の落ちこぼれだったのかと、かつては洟垂れ小僧で運良く兵役から逃れた奴等も寄り付かない。

二人は田舎を捨てた。

私が京都で世直しの運動をやるんだと言ったら、彼は、

「俺は小説家になるよ。母が大阪を焼け出されて東京に住んでいるから、そこに行く。住まいが分かったら知らせるから、困ったら訪ねてきいな」

という言葉で別れたが、落ちこぼれの兵隊でも、やっぱり兄貴分のつもりらしいのかと嬉しかった。このときは、彼がやがて『喪神』で芥川賞を取り、『秘剣・柳生連也斎』や『柳生連也斎』を、そして『柳生武芸帳』へと手を伸ばすとは思いもしなかったものである。

彼が京都で賞をもらったときの事である。ある日、私がお祝いの電話を入れると、

「ところでおまはん、南西会ちゅうんでえらい活躍しとるらしいな。今晩、わしを祝うて小説家や挿絵家の友達が集まってくれるんや。都ホテルやけど、俺と行けるやろかいな。おもろい奴、ばっかりやで」

「よしゃ」

と返事したら、

「ほんなら京都駅の裏口に夕方五時、車で待っとるわ」

となったのである。

私は、昭和天皇がマッカーサーに会ったときに着た服を作った京都の金沢テーラーで誂《あつら》えた背広を着て、五時きっかりに京都駅裏口に出たのであるが、彼の車が見当たらない。タクシーで来るのかと待っていたら、大型で黒光りのする豪奢な車が目の前に静かに停車したのである。「大型のワゴン車か、なんで……」と思っていたら、制服制帽に真っ白な手袋の運転士が車から出て、後ろの扉を両方に開いた。

「おお、ここじゃよ、乗んな」

私はそのとき、やっと気付いた。こりゃ霊柩車だ。

「欣ちゃん（彼の身内では欣ちゃんと呼んでいた）、こりゃ誰の葬儀じゃ」

「わいとおまはんやがな。

わいな、生きているうちに一遍、これに乗ってみたかったんよ。しやけど、一人じゃ怖いしな。南西会のおまんなら、頼もしい思ったんや」

「分かったよ」

私もむらむらと興味が湧いてきた。車は動き出した。折りたたみの小さな椅子が倒れそうだ。五味がなんだか湿った声で、

「優ちゃんよ（私の本名は優《まさる》といった）、人は死んでからこれに乗るんじゃが、そのときは内も外も見えんもんな。ゆったりしているし、バウンドが無いんだ。だから静かだよ。これじゃ、もう目も醒めないだろうな」

私も少々哲学的になった。

「……たった一回だったか、わしら、もう乗らんでええのと違うか」

私はなんだかそんなふうに考えていた。


霊柩車が都ホテルの玄関に着いて、「五味康祐、唯今参上」と運転士が伝えると、集まっていた三〇人ぐらいがどっと玄関に溢れた。なんと、これは悪ふざけの五味魂らしく、わざと後ろを玄関側に向けて止めさせた。

運転士が彼と打ち合わせしていたのか、

「浄め塩を五合ほどお願いします」

と言って、これを一升枡に入れてきた。

「皆さん、どうかお二人が出てきたら、これを振り掛けてください」

後ろ扉が開いて出てきた二人の頭から全身に塩が降り注いだのは言うまでもない。

このことは京都の新聞にも書かれたが、彼は決して売名行為などできる男ではなく、照れ隠しの大技だったと思っている。

忍者屋敷で開眼

彼との本当の付き合いは、やはり二人とも東京に居を構えてからのことであろう。立て続けに柳生の作品を発表した五味に、柳生家は遂に柳生造りの忍者屋敷の一戸を分解して東京に運び、これを西成の彼の土地に建てた。五味は子どものように喜び、その仕掛けの素晴らしい考案を見せてくれたものである。

なかでも見事だったのは、昔の考えとは思えないほどの巧みな水の取り入れ方と、その使い方の考案であった。

「水鏡《みずかがみ》の仕掛けがあるんだよ」

「水鏡?」

と私は簡単に応えたが、なるほど、洗面の横手にいつでも綺麗に透き通った水面があって、僅かな振動もなく、それでいて水が変わり、顔を近づけるとしっかり自分が見える。鏡がどこにでも無かった頃、忍者たちは、おのれを水に映して変装の姿などを確認していたのだろう。忍者は特におのれを知る必要があって、おのれを替えるのだと五味は説明した。

それから彼は毎朝毎晩これに自分を映し込んだのである。

彼は京都に居た頃、大阪の八本喜三郎氏という人物に達磨の人相術や手相占いを習ったことがあって、これを書いたこともあったが、自分の顔のチェックは特に煩かった。実に彼は気を学び、朝の洗面で顔を清めた後、ほほを平手で強く削《はっ》るのだ。赤く色づいた顔を水鏡に映して今日が始まる。

「おまはんもこれをやれ。人間は生きている以上、気やで。気が抜けたらなんにも出来んよ。気はな、太陽を食べるか、自分で削るかなんだ。俺が起きると太陽は真上や。こりゃ自分の手で入れる以外ないのや」

私は彼が懸命に生きていたのを知っている。小説だ、クラシック音楽やオーディオの評論家だと、手相や観相は遊びのほどだったが、なんと言っても麻雀は教室を持って教えるほどの天才だったのである。

遊興美学

彼はなにかでまとまった現金が入ると、私を呼び出した。

「おい、新橋やで」

私が着くと、部下が来たように労わって、まず腹ごしらえは新橋のガード下の肉丼屋である。吉野屋はまだなかったが、その店も安くて美味かったものだ。そして二人は、第一ホテルのロビーで夜が更けていくのを待つのであった。

銀座八丁目、『天国《てんくに》』の表に立つ娘は常に一番若かったようである。あどけない顔で「五味先生」と呼びかける。五味の馬顔と髭面は、花売り娘たちの間で知らぬ者はないらしい。

「よう、きよちゃん、母さん、元気か」

五味は銀座に立つ花売り娘のほとんどの愛称を記憶していた。

娘たちは一〇束ほどの花を胸に抱いて客に擦り寄って微笑むのである。

彼女たちはその相手が、どこかの女に会いに行くことが勘でわかるのだという。

そして、

「お兄さん、女は花で釣るのよ」

などと教えられたトークを囀《さえず》るのであった。

五味はこれをいとほしげに暫く眺めてから声をかけ、

「玉ちゃんやな、一抱えもらうわ」

と、いつも彼女たちが抱え持っているすべてを買い取る。

五人から買うと五〇束になる。嵩張《かさば》るし重いものだった。五味はこのために、いつも新橋のガード下で、その頃まだ珍しかったビニールの大袋を買ってくる。その袋を担ぐのは言うまでもない、この私だった。

「じゃあ、葦町《よしちょう》へ車止めてよ」

というわけで、それが三田という定連の高級料亭へのコースである。

この三田は私が東京で開発した接待料亭であった。「〇〇と行く」と言うだけで、部屋も料理も芸妓の好みから二次会の場所までの手配が完璧に整うのだ。これは京都で安井善七という一代の放蕩児から習った遊び学の構築の結果である。

五味にはこの私がその秘訣を伝授したのだが、その代償は彼と三田を訪れるときは、すべて費用は彼持ちということになっていた。

車を降りる。玄関が開く。敷石から玄関内まで打ち水でしっとりと濡れて艶を醸す。蒼い畳に白い手が並んで、深々と下げた頭の下で笑みがこぼれる。

私も五味も桃源の旦那が乗り移った気分で、

「よろしゅう頼むわ」

と袋一杯の花束を差し出すのであった。

五味の母親は清元の師匠であったし、私の祖父は浄瑠璃ではちょっとした旦那芸の持ち主であった。遺伝子とはよくしたもので、席は常に賑やいだし華やいだ。

加えて、二人はまだ五〇そこそこの男盛り、自分で言うのもなんだが、もてにもてたことは言うまでもない。

五味も私も、その頃はやりの西洋的遊興のキャバレーやクラブは馴染めないのだ。そのわけは二人ともまったく同じで、和洋の環境ではなく、そこに侍《はべ》る女性の本質的な違いなのである。芸事の習得は別としても、その頃までの芸者は、それぞれにそうなった深い「わけ」があったものだ。

遠くの国から、村からも女衒に連れられて、親兄弟のために花街に借金の「かた」に入れられ、芸事を仕込まれる。芸者としての境遇に身も心も投入する女、それこそが芸者であり、その掟が醸す哀愁こそが「いとほしさ」であって、「この人たちと遊んであげなさい」と私の祖父も安井善七も言ったものだ。

このことは京都に居た頃からわれわれ二人が何故か遺伝的な切望として心のなかに留め込んでいたように思うのである。

五味康祐は小説家だったり、オーディオの評論家としての天才だっただけでなく、人間としてもこれから滅多に出てこない大物だったと確信している。

忙しさというものは逃げないで追いかけるものだ

忙しさを追いかける快感の中で
いろいろなものを創作していく……ウォルト・ディズニー

ウォルト・ディズニーが私の作った8ミリ映写機を買ってくれた

ウォルト・ディズニーは、一九〇一年、アメリカのシカゴで生まれたアイルランド系のアメリカ人である。一九六六年に肺がんにより六五歳で亡くなるまで、アニメーター、プロデューサー、映画監督、脚本家、実業家等々として多彩な才能を発揮し一世を風靡したアメリカンドリームの体現者であった。

兄と共同で設立したウォルト・ディズニー・カンパニーは、莫大な収益を生む国際的な大企業に発展した。彼の事業は一九三〇年代に全盛期を迎える。

一九五五年には、カリフォルニア州に自らの名を冠したテーマパーク「ディズニーランド」を開設し、現在まで続く多面的な経営の基盤を作った。

ウォルト・ディズニーと私の出会いは、私個人の研究で、日本で初めての8ミリ映写機を作ったことに始まる。

その当時は、まだ8ミリの家庭用映写機はなかった。世の中にあるのは16ミリと32

ミリの二つだけだった。これの家庭用があってもいいのではないかということで、16ミリを真っ二つにして8ミリの撮影機を考案したのである。当時、私はカメラを作ったりしていたものだから、比較的簡単に作ることができた。

それを売り出した。そうすると、それを映す機械、プロジェクターが必要になる。それで映写機を作ったが、それはサイレントで、音が出ない。その頃はもうテープレコーダもあって、サイレントでは困るのである。そこで私がソニーのアルバイトで働いていたことが役に立った。ソニーで習った録音用テープにコーティングする技術を使って撮影フィルムにコーティングした。フィルムの映像が写っていない端っこの1ミリのところにコーティングしたのである。録音テープと理屈は同じなのである。

映写機では、8ミリフィルムは1秒間に16コマが動く。1秒間に16コマというのは、タッタッタッタと動く間に、それぞれのコマは瞬時止まっているのだ。それに音を入れるということはたいへんなことなのである。16ミリは24コマである。24コマなら綺麗に音が入るけれど、8ミリに音を入れるということは、とても難儀なことなのである。私はこれをクリアして音を入れられるようにしたのだ。

その音の入った8ミリ映写機の存在を、ディズニーがアメリカで特許の情報として知ったのである。「こういうものが日本にある」と、それでわざわざ日本へ訪ねて来た。

当時、東映映画とディズニーとは何らかの関係があったようで、東映映画の関係者を通じて私に面接依頼が来た。その時に初めて私はウォルト・ディズニーに会うのである。

ディズニーは四、五人のスタッフを連れて来ていた。彼らの前で映写機を回し、映して見せてくれと言うのである。私はそれを東映の本社の社長室で彼らに見せた。それを見てディズニーはびっくりした。こんなに小さなところに音が入るとは思わなかったと。

当時としては画期的な製品だったけれど、惜しいことに音の上下が切れるのだ。もう少し幅がないと実際はすべての音が入らないのである。人間の声、ナレーションはちゃんと入る。しかし、音楽が問題だった。高い音とか低い音が入らない。ある程度の音域のものしか入らないのである。

その点に関しては、最後まで私とディズニーはものすごく悩んだ。でも、そこでディズニーはこう言ったのだ。

「そんなことは簡単だ。私のところでは特別の、この機械用の音を作る。その代わり、この機械は一台として日本で売り出してもらっては困る。ここで生産するものはすべて私が買い上げる」

これはラッキーな話だった。

この話は東映を通してやってきたのだから、私は東映にこの取引の間に入ってくれと頼んだ。私は個人だから、先方は東映に発注するわけだ。私は東映の名で技術者を使って製品化するのである。

当時、東映の関係で、信州にオルゴールを作っている会社があった。そこで生産体制に入って作り上げたのが、ディズニーにしか売らない機械だった。

最初は毎月一〇〇台くらい。それから一年くらい経つと、月に五〇〇台くらい作るようになった。それらすべてを東映を通じて売る。私はロイヤリティを取るだけだった。

この映写機は、タンザニアで動物を撮影したフィルムから使うのだということであった。私はそのタンザニアの撮影旅行に誘われ、同行することになった。私にとって、それは素晴らしい体験だった。

百獣の王者に見た残酷と摂理

ディズニー映画の撮影隊は、毎日、現地の案内人を乗せてタンザニアの草原を、注意深く、そして限りなく走った。そして三日後の昼下がり、遂に移動中と思えるライオンの一家を発見したのである。先頭は牝ライオンで、「まだ若い」と案内人は英語で呟いた。

カメラマンを乗せた四台のジープが、ライオン一家の歩調に角度と位置を合わせながら接近した。幼い三匹の仔ライオンたちが母ライオンから離れまいと懸命に歩く後方三メートルあたりに、一頭の牡ライオンが続く。重そうな足取りで、時折首を振っては空に向けて口を大きくあけ、低く唸り、喘ぐようにしてやっと足を運んでいるような様子である。

その日は、隊長であるディズニーはキャンプ作業で、撮影隊には参加していなかった。我々はチーフカメラマンの決断で、このライオン一家を最後まで追うことにした。


果てしなく広がる大草原に日が落ちて、沈もうとする太陽が遙か西の大地を真っ赤に染める頃合いだった。先頭の牝ライオンが突然、仔ライオンたちを振り切って近くの小高い丘に走り上がると、赤く染まった西空に向かって、大きく、長く、しかも悲しそうに吠えだしたのである。仔ライオンたちも牡ライオンも、立ち止まってそれをただ仰いでいた。

「これは大変なことになるぞ。ライオン一家に革命が起こる。こんな機会に出会えることは二度とない！」

案内人が興奮して大声で言った。そして、

「カメラさん、フィルムはいいかい？　二台ずつ二組に分かれてつなぎなさい」

いつの間にか命令口調になっている。

そして、それからライオン一家は、西へ、西へと壮絶な夕焼けに向かって歩き出した。

「あれだ！」

案内人が力を込めて叫んだ。西から一頭の若々しく生きの良い牡のライオンが突風のようにたてがみを吹き流して一家に迫ったのである。一家の主である牡は、先頭に進んで、当然のように待ち構え、これを受けて全身で力んだ。

「おお……」

と呻いたのは案内人である。老若二頭のライオンの格闘は、まるで遠くのスローモーション映像を観ているかのようだった。猛然と絡み合う決闘は、当然若き牡の勝利の咆哮をもって終了した。老いた牡は息絶えて地に伏せている。

しかしながら、次に起きた状景は、あまりにも残酷で信じ難い展開であった。勝ち誇った若き牡ライオンは、牝親の引き連れる幼気ない三匹の仔ライオンを、一匹ずつ噛み殺していったのである。牝ライオンは、これを終始一貫、微動もしないで、かなりの距離を置いて見ているのだ。

撮影隊全員が無言のまま硬直していた時、

「このライオン一家の革命は終わった」

と各車両に無線で伝言が伝わってきた。その通りであった。牝ライオンと若き牡ライオンは、何事もなかったかのように連れ立って、夕陽の沈まんとしている真っ赤な大草原を西へ向かって去っていったのであった。


キャンプに戻った我々からこれを聞いたディズニーは、一つひとつのカメラのフィルムを、夜を徹して仕上げさせたのである。全員がそのフィルムを観た。誰一人声を発する者はいなかった。ディズニーは静かに、しかし感銘を込めて言った。

「これが大草原の王者ライオンの摂理なんだろう。ライオンは常に勇猛果敢、猛きを以て王者たり得るのだ。ライオンの子は、常に猛き遺伝子の継承を唯一の条件とすることを、ライオンの牝は本能で知っているのだろう。

若き猛き牡ライオンを呼んだのは牝ライオンだったのだ。しかも老いた牡ライオンも、その子らの殺戮にも、きっとライオンという悲しい性のために耐えたのであろう。キングであるための残酷な摂理を我々は観たのだ。しかし、このフィルムは子どもには見せられないなぁ……」

と小さな声で締めたものであった。

こうした日々の中で、百獣の王と言われるライオンの姿の中に、私はディズニーの活動力学を見た。過酷な自然現象の中で生き残る命のたくましさと、滅びていく命の悲しさを見たのである。

そんな或る日の夕食の時、ディズニーが私に向かって、

「ちょっと質問してもよいか」

と断って、通訳を側に座らせた。

姿勢を正したディズニーを見て、私も椅子に座り直した。

ディズニーは一気に英語で喋り、喋り終わると通訳に向かって両手を差し出して合図した。通訳は日本人で親は広島の生まれ、戦争中は日本人二世として海兵隊で軍の

通訳をしていたと数日前の自己紹介の時に聞かされていた。彼は力を込めて私に話しかけた。

「ディズニーは貴殿を技術者だけではなく、仏教の僧侶であり、脳と人相の因果論を科学として発表したドクターと聞いている。そこで重大な質問があるので答えられたら参考にしたいと言っています」

「どうぞ」と言う私に通訳は一気に質問を浴びせてきたのであった。

「ディズニープロは現在、ダックつまり〝アヒル〟をシンボルとしてすべての展開のキャラクターとしている。しかし、これから世界に展開するキャラクターとしてはいささか不満がある。ここで、一体、インターナショナルなディズニーのキャラクターとして動物では何が最良か、貴方の意見をお聞きしたいとのことです」

全員が私の顔を仰視した。食事中であるにもかかわらずフォークを持っている者は一人もいない。

「なんだ……」という思いで、直ぐに軽々と私の口に出てきたのが、

「マウスです」

だった。通訳に、

「ねずみですよ。東洋では宝の小動物と言われ、多産と財蓄のシンボルなんです。しかも人間の生命の研究に必要なスターでもあります」

「マウス……ＯＫ！」

突然、ディズニーの声が高く響いたものである。

その日から一〇日間ほど、毎夕、食事時に、かつて一九二八年から三〇年代初めにかけてディズニーの書いたマウスの漫画を洗練させ、より魅力的にした絵が全員の手から手へ、そして私のテーブルに置かれたものである。

これが現在、世界中で多くの人々に愛されているディズニーのキャラクター〝ミッキーマウス〟なのであった。

忙しさを追いかける快感を

この出会いを通じて、私がウォルト・ディズニーという人から教わったことはとても大きい。

彼は非常に忙しい人だったが、

「忙しさというものは逃げないで追いかけるものだ。逃げたら余計混乱する。私は忙しさということを次から次へと追いかけて生きているんだ」

と言っていた。

彼は若い頃にはアニメーターであったが、気がついたら夜中でも起きて絵を描いていたと言う。昼間は人に会ったりしていてなかなか自分の仕事ができない。おそらく人の三倍は働いていただろうと言う。

そして、さらに
「それは忙しさを追いかける快感なのだ。その限りない快感の中でいろいろなものを創作していくのだ。反対に忙しさに追われたら、何もできなくなる」

と言うのである。追う人間か、追われる人間かと考えると、自分は常に追う人間になりたいと言うのであった。

これはまさに一つの習慣である。成功の哲学である。これが彼の活動力学なのであった。

スチュワーデスのユニフォームはお客さんに安心を見せているのです

自然の輝きの一点、宝石を
色の単純なユニフォームに付けたいの……森英恵

森英恵さんがつくったものは衣装哲学である

森英恵さんは日本を代表するファッションデザイナーの一人である。一九八八年に紫綬褒章、一九九六年には文化勲章を受賞している。その後も数々の賞を受賞し、日本航空のスチュワーデス（現・客室乗務員）の制服やバルセロナオリンピック（一九九二年）日本選手団の公式ユニフォームをデザイン、また一九九三年には、皇太子妃雅子様が結婚の儀に着用したローブ・デコルテをデザインした。

森英恵さんは一九二六年に島根県で生まれた。東京女子大学卒業。一九四八年、学生時代に勤労動員で知り合った元日本陸軍主計少佐・森賢氏と結婚。その後、夫の家業であった繊維会社で働きながら、洋裁学校に学び、一九五一年、東京新宿に洋裁店を開業する。一九七〇〜一九八〇年代にかけては、一大ブームを引き起こす程の広い人気を博し、世界的にも超一流との折り紙付きのトップデザイナーとして一世を風靡した。

ユニフォームの世界というのがある。これは基本的には衣装哲学だ。森英恵さんがつくったものは衣装哲学である。衣装はそれを身に着ける人の役柄を決定する。つまり人はその装いによって自らに課された「役柄」を全うするのである。装いが「脳」を啓発し、その人の行動を律する。それがユニフォームの力であり、また素晴らしさであるのだ。


私が森英恵さんに会ったのは、東條会館という写真館の食堂だった。旧知の天才テーラー・金澤要蔵氏が京都から上京して来て、

「森さんと会うから来ないか」

と言ってきたのである。

当時、私は技術研究所の作業で色彩を追っていたから、二つ返事で同意した。

席に着いた森さんは、いきなり金澤氏に、

「『七つの顔の男だぜ』を拝見しましたよ（※一九四六年にGHQによってチャンバラ時代劇が禁止されたことにより対応を余儀なくされた映画界が、時代劇の大ス

ター・片岡千恵蔵主演で製作した現代劇の名探偵シリーズ。一九四六〜一九四八年に大映が四作品を、一九五三〜一九六〇年までは東映が七作品を制作し、興行的に大成功を収めた。作中で主演の千恵蔵が七変化をすることが大評判となった。この映画の中で七変化する片岡千恵蔵の衣装はすべて金澤テーラーが作った)。ご苦労様でした。

あれって片岡千恵蔵さんの変身術よりも金澤先生の七人の男づくりの傑作でした。恐れ入りました」

と言って森さんは椅子から立ち上がり、おどけた振りで直立の形で頭を下げた。その時の森さんの顔は、決してオーバーではなく、心底、同業者を称え、労る心からの微笑があったのを今でも思い出す。

金澤氏は、当時の吉田茂総理の縁で、昭和天皇がマッカーサーとの初対面の折に着用した服装の作者であった。また、松下幸之助氏をはじめ関西財界から政界にも及ぶ熱烈な愛好家たちに支えられていた。特に「金澤の服を着ない奴は大スターになれない」と言う大映社長・永田雅一氏の大言壮語は当時の映画界に広く伝播したものであった。これは今思い返しても懐かしいトークである。

ユニフォームは仕事への責務と勇気の象徴

森さんが日本航空のユニフォームを作ったのは金澤氏の紹介だった。

当時、日本航空から頼まれたのは金澤氏だったが、彼は紳士服が専門であったため、女性のユニフォームは作らないからと、森英恵さんに振ったというのが実情である。

金澤氏に言わせると、ユニフォームというのはその会社（組織）への帰属意識の顕れ、つまり自覚である。それを脳が認識するということだ。

また本田宗一郎氏によれば（本田氏は、工場では常にユニフォームを着ていた人だった）、ユニフォームは勇気だと言う。ホンダのユニフォームは働く勇気を与えるのだと言っていた。その頃、ホンダでは男も女も同じユニフォームを着ていた。

本田さんの口癖は「やってみなければわからんじゃないか」だった。「文句を言うな。何もかもやってみなければわからない。だからやりなさい」。つまり彼は自社のユニフォームに、やってみるのだという名誉と、やらせてやろうという資格を託していたのである。

ホンダの工場では、事務を執る者でも全部、同じユニフォームを着ていた。社長自らもユニフォームを着ていた。ホンダの人間であるという自覚と認識と勇気をユニフォームに象徴させていたという完全なる哲学である。

だから、日航のスチュワーデスが良い恰好のユニフォームを着ているということは、仕事への責務と勇気の象徴なのである。たとえ飛行機が気流の関係などでガタガタ揺れても、きりっとユニフォームを身に着けて平然と微笑むスチュワーデスの姿を見て、「あ、大丈夫なんだ」とお客さんが安心するというような、働く勇気の象徴なのである。

森英恵さんはいつも言っていた。

「ユニフォームはスチュワーデスに着せるというよりも、お客さんに安心を見せているのです」と。

世界中のスチュワーデスのユニフォームは、韓国であれ、マレーシアであれ、その国を代表するところのデザイナーが精魂を込めてデザインしたものである。飛行機の中でスチュワーデスを綺麗に見せるというだけではない、スチュワーデスという職業に必須の、お客さんを護り、快適なサービスをする〝勇気と自覚〟そのものなのである。

森英恵さんがデザインした三越の女性店員の制服も、他のデパートと違うように心血を注いだものであった。

また、彼女がデザインした制服に医療の世界、看護師さんたちのユニフォームがあった。それまでの白一辺倒だったものからピンク色の制服を初めて考案したのは森英恵さんである。国立の病院までがピンクのユニフォームを採用するようになった。

ピンクという色は楽しい色、歓びの色である。それを看護師に着せるということは、看護師を安らぎの色で包み、患者さんがつい頼りたくなるようにしたということであった。

ユニフォームというのは、それを着る人の人格をつくる。それを着ることで人格が生まれるのだ。

かつて軍隊に入るとき、海軍に行くか、陸軍に行くかを軍服で決めた人もいたくらいであった。当時は海軍の軍服が人気の的であった。特に海軍の将校の軍服は颯爽としていた。また水兵のマドロス姿も人気を集めたものであった。兵士たちは、実はたいへんな訓練を経てあれが着られるわけだけれども、若い学生たちにはそれが分からなくて、ただ憧れたものである。陸軍の恰好はどうしても野暮ったい。だから多くの若者たちが海軍を志願した。

海軍のユニフォームは、英国の海軍の制服をそのまま真似した。陸軍はドイツの制服の模倣だった。ここで当時の日本の軍人のユニフォームは英国とドイツの二つに分かれたのであった。軍人になったらどうせ死ぬのだから、恰好いいほうがいいと、自覚とかそういうものよりも恰好で決められた部分があったように思える。たくさんの大衆、たくさんの女性にもてるほうを選んだ若者が多かったのである。特に将校の軍服には人気があった。

しかもユニフォームというのは恐ろしいもので、敵はまず将校を狙う。兵隊を二百人殺すか、将校一人を殺すか、これは同じなのだ。それほど将校一人を殺すと戦況が攪乱されるのだ。

そういうものを背負って制服ができるわけだ。だから相手の的になるくらいの覚悟が必要なのである。

「さあ、俺を狙ってこい。俺は将校だ。俺を殺せば二百人の兵隊を殺すのと同じだけの重さがある」

ということを制服で見せたわけだ。将校というのは名誉である代わりに敵からの標的でもあるのだ。そのためのユニフォームなのであるという自覚と認識があった。作られた英雄とも言えよう。こうしたことから、第二次世界大戦では、日本は将校がたくさん死んだのであった。

笑うことで人間は「笑いの脳」になる

森英恵さんについて記憶に残っているのは、涙についての次のような言葉だった。

「いろいろなユニフォームを作らせていただき、みんなに喜んでいただいた。それで相手の会社の成果が上がった。相手が感動するよりも、まず私が先に感動するのです。

その時に泣き上戸だから涙をよく流したものでした」と。

それは温かい涙だった。しかしそれが、『しまった、あれは間違いだった。もう少し考えれば良かった……』という悔恨の悲しい涙、自分を慰めることもできないときの涙は冷たい。同じ涙でも温かい涙と冷たい涙がある。悲しい涙は冷たい、嬉しい涙は温かい。


脳の科学から言えば、冷たい涙は興奮している脳を冷やす役割がある。温かい涙はラッキーな涙で、温かいままぽろぽろとこぼれたのだろう。

笑って、笑いすぎると涙が出る。笑った涙は温かい。悲しい涙は冷たい。ここにカロリーの問題がある。脳の中で悲しいことを考えると、脳は温めてくれない。悲しいことは脳がどんどんエネルギーを排出していることだ。悲しさをすべて涙にして送り出してしまうわけだ。悲しさは温まらない、冷たいのだ。だから悲しんで泣く涙と、喜んで笑って泣く涙とでは違う。温かい涙か冷たい涙か。笑うことによって、人間は笑いの脳になる。悲しいと冷える。悲しいと寒い。

森英恵さんの人生には、たくさんの涙がある。その中で彼女は多くの素晴らしい仕事を成し遂げてきたのであった。

シンプルに一点の輝きを

こんな関係から私は森さんに流行の色彩だけでなく、目的の色合い、つまりあるべき色からありたい色への創作を学んだ。私はこれを「人の洗脳色」と呼び、研究した様々な商品色を試みて、多くの成果をみたのである。

そんな中で、森さんの習慣とコレクションと研究のポイントを知ることができた。それは森さんの宝石のことである。森さんは、

「私の趣味は宝石なの」

と言って、様々な石を所持されていたのであるが、それは決して高価ではなく、絢爛たるものではないことを私は知っていた。或る日、そのことを質問した私に、彼女は何でもないことのように言ったものである。

「これ、いま考えているユニフォームのボタンの参考なの。ユニフォームはそれ自体

決して華やかなものではないの。だから一点だけ深く光り輝くシンボルが欲しいのよ。それは宝石なの。自然の輝きの一点を色の単純なユニフォームに付けたいの」

以来、彼女の海外旅行の土産は、必ずと言って良いほど光る色の宝石だったと言う。それは決して高価ではなく、しかし自然の光りと華を放つ石であった。

森英恵さんの作品は、シンプルで、それでいて一点どこかで光っていた。この配慮こそ森さんが到達した芸術の世界であったと思っている。

敗戦後の日本人を熱狂させたが哀しいヒーローだった

私は朝鮮人なんです。
勝っても笑ってはいけない
哀しい癖がついてしまったんです。
…………力道山

写真提供：共同通信社

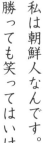

〝テレビと言えば力道山〟の時代

わが国のテレビジョンがカラーに進化して一気に多くの家庭を埋めていったのは、昭和三九年の東京オリンピックがもたらした高度経済成長突入へのプロローグの頃からであった。

高価なカラーテレビが、果たして家庭に普及するものなのか。すでに満足に近い白黒テレビの普及の象徴として、家々の屋根上に誇らしげに連なるテレビアンテナがセールスを拒否している。立ち竦む営業に対して、松下幸之助社長は断乎として言い放ったものである。

「そのアンテナの家こそが、カラーテレビのお客様なんや」と。

テレビと言えば、まず力道山であった。街角にメーカーが設備した宣伝用テレビの前に黒山の人が群がった。

敗戦後の日本人が溜飲を下げた至福の瞬間である。アメリカのバッファローが乗り移ったかのような恐ろしい白人レスラーに、投げられ、蹴り上げられ、殴られて、最早絶命か、と悲痛の思いに落ち込んでいると、なんと力道山は跳ね上がって立つのだ。

「行け、やっちまえ！」

と必ず誰かが叫ぶ。群集の興奮は極に達する。力道山の空手チョップが飛んだ。

一発、二発、そして三発目は止《とど》めだ。

しかし、どうであろう、いつ見ても血に染まった力道山の顔に勝利の笑みが見えたことはないのである。

笑わない男・力道山

ある日私は、ナショナル電気炊飯器の宣伝キャラクターとしての力道山と食事をする機会があった。

「あなたは勝っても、いつも勝者としての笑顔が見えないが……」

と訊いたときのことである。

「私は朝鮮人なんです。笑っちゃいけない哀しい癖がついてしまったんです」

と言って力道山は口を歪めた。

「そんなバカな……」

と言う私に、力道山は、腹の底から思いを吐き出すような声で呟いた。

「私が相撲をやめたのは、勝って笑うと『朝鮮人のくせに、笑うな！』と尊敬していた力士に殴られたからでした。

それは子どもの頃から慣れていたことです。腕白だった私は、親からも『日本人に歯を見せてはいけない』と言われ続けて育てられました。そのうちに笑いを飲み込むようになったのですよ」

そして、

「哀しい習性です」

と付け加えて、下を向いたのである。

「なんということを仰るのです、あなたは戦争に敗れた日本人の英雄なんですよ」

思わず本心を吐く私に、力道山は明るい声に戻って、

「だから、私、力道山は、毎朝、鏡に向かって笑いかけていますよ」

子どもが隠し事を打ち明けるように呟いた。

「毎朝、鏡に映る自分に向かって、思い切り笑いかけますよ。そして、励まして褒めてやるんですよ」

と言うのである。私は感極まって彼に手を差し出した。

そして、いつの間にか自分が涙を流していることに気付いた。私は流れ落ちる涙を、しばらく止めることができなかった。

沖縄戦での朝鮮使役隊の集団戦死

このとき私は、まだ覚めやらぬ悪夢のように、沖縄戦での朝鮮の集団使役隊のことが脳裏に浮かんだのだ。

夜明けから夜更けに至るまで続いた米軍艦砲射撃の暫しの休止のとき、つまり日本兵士や住民たちが僅かな眠りをむさぼる休息の時間、兵隊も住民も、いずれかの壕に身を庇って暫しの休息をとるのだ。

私は海上の特攻の失敗後、沖縄少年隊の指揮官の一人として、夜間の米軍兵舎へ、少人数単位での襲撃を繰り返し命じられていたのである。

我らの隊は夜の行動隊である。

ある夜、通過する山道で、低く切々と流れてくる歌声が聞こえてくるではないか。

我ら全員が、そのまま立ち止まって動けなくなった。

「あーりらん、あーりらん、あーらーりーよー……、あーりらん、とうげをのもかんだ……」

朝鮮使役隊の集団である。

彼らは、ある日突然、日本の軍隊から強引に徴発されて、朝鮮から日本へ連れて来られた集団であった。

彼らは戦闘用の銃も剣も所持しない。持ち物はつるはし一つ、中古の水筒に下げ袋、中古の軍服に地下足袋姿である。

日本の下士官や兵に叱咤と殴打をうけながら、毎日、毎日、穴を掘るのである。

自分たちが入る壕ではない。兵隊の入る壕である。

自分たちは砲弾が飛び交う山を転々とし、日々風雨にさらされて仕事場に屯するのである。

私はその日から、少年隊と調達する米軍のさまざまな食品を朝鮮隊へと運んだ。朝鮮隊の隊長は声を上げて泣いた。私たちは強く抱き合った。

そして、その都度、私は彼の耳に強く囁いたものである。

「戦争は日本が負ける。今に必ずこの戦争は終わる。皆で生きろよ」と。


沖縄に駐屯していた日本軍が、中央を捨てて、最後に西へ向かって基地を移動したとき、私は野戦病院から歩行のできない数十名の負傷兵と共に、地元の少女六名の決死の誘導で山野を這いずっていた。

まさにそのとき、朝鮮隊全員の集団戦死に遭遇したのである。

かつて私が「生きろよ」と囁いた隊長も、土に顔を伏せて死んでいた。

私は、朝鮮人だという力道山に、これらの顔が重なって浮かんだ。

そして、

「そうだ、彼らの骨を拾い集めて、沖縄の地に墓標を建てて、永久に鎮魂してやろう」という思いが咄嗟に激しく突き上げてきて、それをその場で力道山に熱っぽく語ったのである。

今度は彼が私に手を差し伸べた。

「韓国の朴大統領には私が話します。私も喜んで基金を……」

彼のクシャクシャに崩れた顔は、今でも私の脳裏に鮮明に甦り、胸にこみ上げる多くの想い出と共に懐かしく浮かんでくる。

最後に掴んだのは、銭を恵んでくれた女の真心やったわ

わいが求めていた人生の目的を
教えてくれたんや。
それはな、〝愛〟ちゅう〝心〟やったんや。

…………安井善七

凋落の後、完成をみる

今まで私の書き物に僅かずつ触れた人物であるが、大物となれば改めて書かねばならないのが安井善七氏のことである。

氏は人生を貧困からスタートし、半生で財を貯えた。京洛に豪邸を構え、更に加えて瀟洒な妾宅数戸を構えたのはまだ六〇歳前であった。

公明にして正大、放蕩と洒落のなかに哀感と美学、そして自己哲学の発見に生涯をかけて財を投入し続けたのである。

やがて財を失い、家を失い、人を失い、家族を失い、若さも活力も、生活すら失いかけたある日、氏は若き女神に遭遇した。

その人は、かつて氏と放蕩の席で出会ったと自ら称する女性で、再会したとき、氏の記憶にはまったく残っていなかったという。

まだあどけなさの残る京の芸妓で、千代香といった。

数年が経て、私は尋ね探して、やっと安井氏の住処に辿り着いた。小さいが洒落たしもた屋の二階での借り住まいであった。

「わいはな、生まれて初めて女がいいとほしいと思ったんや。

ぎょうさんの銭かけて、わいが最後に掴んだのは、銭を恵んでくれた女の真心やったんや。

わいはな、この女に、それからの人生を引き取られたんや。

千代香は、わいが求めていた人生の目的を教えてくれたんや。それはな、〝愛〟ちゅう〝心〟やったんや」

氏が溢れる涙を、老いの目立ち始めた手で拭った姿こそ、私の心の底に消えずに残る大物、安井善七氏の完成品であった。

やっぱりあの方は大物やった

私が松下幸之助氏の隷下としての計らいで東工大の聴講生を終え、三年間ドイツに留学して戻った数日後のことであった。

留学先のドイツで友人になったヨーロッパに君臨するユダヤ系商社のトップが、まるで私を追いかけるようにして商談を持ち込んできた。

その日のうちに商談は締結。祝宴を京都祇園の明席で揚げたとき、女将から安井善七氏と千代香のあれからの話を聞かされたのであった。

「安井の旦那は、やっぱ、わての見込んだ通りの大旦那はんだっせ」

と言って語ってくれたのは、しもた屋の二階から始まったエピソードだった。

「安井はんはな、大金持ちの頃から、趣味で美術や工芸品を創らせたり、この人と思うと、ぎょうさんのお金を、どんな条件もつけずに『使いなはれ』言うてな、あげてはったんよ」

そのことは私もよく知っていた。

安井氏が何もかも失って、若い芸妓の世話になって、しかも狭いしもた屋の二階に居るなど、工芸作家たちには思いも寄らなかった。

それを知った彼らは、戦後の数年間たいへんな恩恵を受けた氏に自作の入賞品とか傑作と認める大作を次々と提供して恩に報いた。その量は部屋を埋め尽くしたという。

安井氏は、毎日毎日それらを眺め触れていたが、ある日、そのすべてを嵐山のホテルに提供し展示した。ホテルの集客のため、そして現代有名作家の工芸展として、それらの作品を内外に発表したのである。

これは見事に目的を達成した。なかでも作家への作品の依頼と海外からの受注は安井氏の仕切りのなかで大手の参入を招き、京都・名古屋に経済の活性をもたらすに至ったのだ。

「やっぱりあの方は大物やった」

と女将は念を押すように繰り返した後、

「ほいでな、昨年、死にはったん……」

と言う。

安井氏が死ぬまで、しもた屋の二階で千代香と二人楽しく暮らしたのを、多くの人が知っているとのこと。その間に安井氏は工芸品の鑑定家として世に知られるまでになり、常に羽織袴の安井氏の蔭には、少女のように可憐で微笑の絶えない千代香の姿と笑い声があったと言う。

そして今、彼女は料亭の女将として健気に活躍しながら、安井氏が残した工芸作家との連携に楽しく活動する日々を送っているのだと言う。

男は女の身体から頭脳のなかに勇気を入れる

私は女将が我が事のように話す物語に相槌を打ちながら、氏が放蕩三昧の頃、常に私に言っていた言葉の数々を思い出すのであった。

「なんちゅうたってな、どんな美術品だ工芸品だと言っても、美しい女体にはかなわんのよ。女体こそ神が創り上げた芸術品でな、しかもインターナショナルなんじゃよ。わいはな、ソロモンのおっちゃんやあちこちのキングさんが、女体の肉林のなかで目から英気を養ったわけがよう分かるわ。

それでな、女体を抱くことは男が女から気をもらうことなんやで。男は女の身から頭脳のなかに勇気を入れるんだな。男はそれを放気して、それはすべて闘うためのエネルギーになるんやで。

このこと、よく覚えときや。それから、男も女も毎日、毎朝、自分の髪や顔を整えて、自分ちゅうもんをつくるんや」

安井善七氏は、どんな環境のなかに在っても、絶対に自分を崩したことはなかった。これは多くの人が知っている。

あれがおなごや

自分をつくると言えば、思い出す話がある。

京都の嵯峨に祇王寺という平家物語に残された尼寺がある。

戦後間もない頃から、安井善七氏は週に一回、必ずそこを訪れていた。

私も数回、氏の供をして訪ねたことがあったが、そこには智照尼という庵主と、献身的に庵主に仕える中年の寺男の姿があった。

その寺男の名は確か佐助さんだったと記憶している。

なんでも奈良の有名な鼈甲《べっこう》屋の長男であったが、ある日から庵主さんを敬慕し、家を捨てて智照尼を護り続けていたのである。

安井氏は、当時、金では買えない食糧を週一回、切らすことなく自分で運び込んで、佐助さんを労い、庵主さんと語り合うことを楽しみにしていたのである。

その庵主さんは、我らがいつ何時に訪ねても、なんとも凛然とした様子で、必ずご自身で対応された。

長い転衰のなかに在っても、芸者時代の習わしであろうか、下着から足袋に至るまで洗いたての清々しい姿であった。

安井氏は帰りの車のなかで、独り言のように呟くのであった。

「あれがおなごや……」

うん、うんと楽しそうに頷いていた安井さんも、庵主さんも、佐助さんも、もういない。

朝は太陽を食べて気力を入れ、夜は月を眺めてものを思う

苦痛は身に残り、
難解こそが生涯頭に残る

…………信楽早雲

朝の太陽を食べる

大日如来は太陽である。そして太陽は脳の要素である。

大日如来を指南として、そのノウハウを学んで構成したのが密教であり、釈迦からの伝統的な教育を受けたのを顕教という。そして、大日如来の栄養を自分の頭に入れて発想したのが空海の真言密教である。

空海は天才だった。大日如来から学んだすべてを、天文学や土木・建築学とか薬学などに反映させ、こうした知識をすべてまとめて整理して残し、それらの知識を民衆に届けていったのである。

太陽は生き物の原動素だ。生きとし生けるものはすべて太陽の光を食べながら生きているのである。人間は生きるためにいろいろなものを食べるだろうが、その時に太陽の光を一緒に食べていなかったら、どんなものを食べても栄養にならない。

生きているものはすべて太陽の光を体の中に貰う。タンポポでもレンゲでも、どんな草木でも太陽の光に向かって手を挙げて太陽の光を食べているのだ。それが生物生存の基本である。

太陽は生物の原動素、そして人間も生物である。

実は太陽の光が必要なのは「脳」なのだ。脳に効くのはアミノ酸と太陽なのである。朝の太陽のエネルギーは脳に効く。

昨今は太陽のエネルギーで発電を起こしているように、脳にも太陽の光が必要なのである。

脳が活動するエネルギーは豆と太陽だ。ヨーロッパの子ども達は朝食に豆を食べる習慣が多い。

確かに人間はいろんな餌を食べるけれども、その前に太陽の光を食べていないと、それらを完全に消化できない。これが私の師であった信楽《しがらき》早雲師の教えの根本である。

信楽早雲は達磨大師の申し子のような男で、鞍馬の天狗と呼ばれていた。

この人の持論が、朝の太陽の光こそ、生きるエネルギーのもとだということなのである。

早雲師は達磨大師と同様に太陽を非常に崇拝する「太陽族」であった。早雲師も達磨大師も「太陽族」そのものであったのだ。

「太陽に向かって吠えるんだ。それは誓いだ。お願いするのではだめなんだ。それは太陽をいただくことだ」

早雲師は毎日のようにそう言っていた。

信楽早雲師との出会い

鞍馬山には昔、天狗がいたという。この天狗とはおそらく西洋人だったのだと思う。昔むかし、鼻の高い西洋の人が何らかのことで日本に流れ着いて、誰かに助けられて、ひっそりと山の中に隠れて住んでいたのではなかったろうか。

私が僧籍を得るために修行に入った鞍馬寺は達磨の教学の寺で、達磨の教義はすべてがこの寺にあった。私が生業とする嘉祥流観相学はそこから始まったのである。そういう意味では、信楽早雲師との出会いは私の人生に非常に大きな意味を持っている。

嘉祥大師は達磨大師の弟子で、嘉祥大師の弟子の慧灌（えかん）が六二五年、推古天皇の時代に「三論宗」を日本に伝えた。

三論というのは修行の三つの論である。「身口意（しんくい）」と言って、身＝体、口、意＝意志の三つを鍛えることが僧侶の修行なのである。

私は鞍馬寺で信楽早雲師から達磨禅を学び、三論というものを教えて貰った。そこからあちこちで托鉢をし、最終的には壬生の寺で得度を受けるわけである。

私は在家得度ではなく、出家した本当の坊主なのである。出家の誓いを立て、親を捨て、子を捨て、すべての縁を捨てて僧侶の資格を得たわけだが、実は嫁はんもおり、恋人もおった破壊坊主だった。

しかし、本格的な坊さんにならないと沖縄に行って遺骨を収集し鎮魂することはできない。だからそういう浮き世のしがらみを全部捨て、本当の坊主になって沖縄に行こうと思ったのである。

遺骨収集と鎮魂に明け暮れて沖縄には二年以上いた。そこで小林一三さんとも出会い、それ以降の人生への展開につながっていくわけである。

信楽早雲師のもとでは「達磨禅」というものが行われていた。

達磨の禅とは、頭が疲れてまっ黒になっていて振動が速くなっているβ波の状態の黒い脳を白い脳に治すということが目的なのである。

白い脳とはα波、正常な状態の脳のことだ。このα波の時にはじめて人間はものを考えられると言う。だから人の頭を疲れた状態から回復させるために、座禅ではθ波動というものを与えるのである。

θ波は年寄りが居眠りしているような、眠りにつく前の波動である。これを与えることによって、β波がα波に戻るのである。それが禅というもののメカニズムなのである。

この方程式を作ったのが達磨だった。早雲師はこれをトクトクと説いた。道元の只管打坐は、「黙して語らず」。何も説明しない。対して達磨は無心になれ、頭を空っぽにしろと説く。そしてそこへ居眠りの前の状態にまで来なさいと言う。黒く汚れて疲れ果て、揺れ動いている頭のサイクルにθ波を与えて、α波に戻すことが禅の目的である。それ以外の何ものでもない。これを私は信楽早雲師から教わった。

信楽早雲師がそれを体得したのは達磨からだった。

達磨は人間の顔を直してやろうとした。達磨の時代にはα波とかθ波という言葉も概念もなかったから、人間は明るい顔にならないと物事は成し遂げられないと教えたのである。

そういう達磨の思想を分解して伝えていったのが鞍馬山である。鞍馬の禅は有名である。鞍馬の禅はビジョンから始まる。

今でも禅をメカニズムとして説いていく人は少ないと思う。

でもその頃すでにβ波をα波に戻すために、θ波というゆっくりした波動が必要だと、そのために座禅をするのだと信楽早雲師は教えてくれたのであった。無心になって眠気を誘う所まで行く。しかし眠ってはいけない。そこで人間をもとに戻すのだと。

これが達磨の「人間治し」である。

達磨禅は歩きながらでも、一〇分でもできる。岩の上に座ろうと、草むらで寝転んでいても、頭さえ切り替えれば、いつでもどこでもできるのである。

これをしつこいくらい叩き込んでくれたのが信楽早雲師であった。

鞍馬寺での厳しい修行

鞍馬寺での滝行は午前二時からである。二月の真っ暗な夜中に滝に打たれる。真冬だったこともあって、最初は死ぬほど辛かった。ところが三日目、四日目ころになると快感になってくる。ここで分かったのは、「身口意」の身（＝体）を徹底的にいじめると快感につながるのだということである。苦しいことも耐えることによって快感になるのだ。

しかし、ともかくも丑三つ時（午前二時）の滝行である。午前二時という時間は魑魅魍魎がこの山に充満する時刻である。この時間に行をしなくてはならないのだ。

時は二月、水は氷となる。最初の数日は『あ、このまま死んでいくのではないか』と思った。ところが私は特攻隊だった。特攻の訓練というのは、もっとひどいことをする。それは大変なものだった。その中で這いずり回って、息絶え絶えになっても生き残ってきた。これがあったから、「なにくそっ」ということで耐えられたのかもしれない。

私が鞍馬山に入山したときには二〇人いた修行僧が、最後は二人だけだった。みんな夜になると逃げ出していく。

私は修行でいじめられればいじめられるほど反発が湧いてくる。「冗談じゃない」と。我慢するどころではない、もっと来いというようになる。これは兵隊で訓練を受けてきた経験と、沖縄へ行って遺骨収集と供養をしなくてはならないという大きな思いがあったからだ。しかも南西会もやっている。これが私を支えた。

これが何日か経って来ると、毎日午前二時になると目が覚める。行かないと眠れないのだ。滝が待っている。

この頃には滝に打たれ始めて一〇分もすると、体からもうもうと湯気が立ってくる。自分の肉体のほうが水よりもエネルギーが強いのだ。湯気が上がるのが二月の午前二時、そんな時間に人間が素っ裸になって滝に打たれて体から湯気が出るというのは、

『なんという楽しいことだろう』という感動から出る湯気だったのだろう。俺はこれに打ち勝ったのだという勝利の快感である。大自然と闘って勝ったという勝利の快感が、さらに一週間くらい経つと、「もっと行きたい、もっと行きたい」というようになる。

俺はこんなところで死ねない、沖縄に遺骨収集に行かなくてはならないという強い思いがあったことが大きかったに違いない。

魂が冷たい水と闘っているのだ。その冷たい水との闘いに勝って、体中から湯気を出して、滝から出て体を拭いても三〇分くらいの間は体がカッカしている。何とも言えない爽快な気分なのだった。

朝になって、信楽住職から、

「どうだ、夕べの滝はどうだったか? 冷たかったか? 痛かったか?」

と訊かれて、

「いや、とても楽しかったです。もう行かないと寝られなくなりましたよ。毎日二時になると自然に目が覚めるんですよ」

と言ったら、

「ああ、もういい。もう行かんでよろしい。それで上がりだ」

と言われて滝行が終わりになった。

これが信楽早雲師のところで習った滝行だった。

その頃、信楽早雲師は、

「これからは兵役がなくなるから、男子は社会に出る前にお寺へ入れるといいよ。身口意で絞り抜いたらどうだ。そうしたら、少しはまともになるだろう。そうでなければ戦死した若者たちに申し訳ない」

と言っていた。

信楽早雲師は天狗と言われたほどの鬼のように厳しい人だった。この人の下で修行したことが、小林一三さんとの出会いにつながり、その後の人生への展開につながっていくのであった。

特に早雲師の達磨禅の講義は、その発想の原点から科学としての理論と実践に及んだ。

師の日々は、修行僧の人数にかかわらず、それがたった一名であったとしても、早朝から深夜までも精魂を込めて仏教を説き、達磨を論じ、「身口意」の行にも参加された。

煌々とした師の人望と人徳の表情は、その日々の習慣から情念が醸す聖者の表情であったものである。

友よ、道は歩けば道になる、へこたれるな。わが道を行こう

人生とは出会いにして、
幸、不幸はめぐり合わせの人の善し悪しである。

……佐々木将人

矍鑠《かくしやく》として天下を闊歩

今どきの世の中に、と書き出してよいのか、兎にも角にも希少価値の大物が老体に袴を穿いて、飄々《ひょうひょう》矍鑠《かくしやく》として天下を闊歩している。その人物の名は佐々木将人《まさんど》といい、古くからの親交の友であるが、この人を呼ぶのに、「先生」と言う以外ないのである。神道を極め、武道を達成し、個の哲理を完成した怪物である。私はこの先生について問われたとき、迷いもなく言下にそう答えることにしている。隻眼《せきがん》の老師・将人先生は、凄いというよりも恐ろしい人物が「ひょっとこ面」を被っているのだ。どこにでも出没し、軽妙自在、爆笑の連鎖である。この蘊蓄《うんちく》の真髄は、古今のいかなる芸人にも及びつかないものであり、佐々木将人氏の人生山河が創り上げた究極の人格なのである。

「道は歩けば道になる！

人生とは出会いにして、幸、不幸はめぐり合わせの人の善し悪しである。

へこたれるな！　わが道を行こう！」

これこそが氏の人生山河を醸し出した歴史の「出合道」であったと思う。やがて合気道の開祖と言われている植芝盛平との出会いと修行、滝行や坐禅に加えて、一九会や稜威《みいず》会という道研を経て、哲人・中村天風との出会いと師事。現在、日本合気道本部師範、亜細亜大学から城西、防衛、和歌山、大阪女子、高知の各大学講師として驚異的な広範囲の活動のみならず、山陰神道の神官として上福岡斎宮の宮司を務めるなど、まさに多忙を極めている。

天に向かって大声で誓いをたてる

私が氏の人格に触れたのは、かなり以前になる。それは私が東京のお茶の水で「嘉祥流観相学会」を立ち上げて間もない頃であった。当時、私の社員であった西野君という男が氏の幹部弟子で、三日に一度は氏の道場に通っていた。西野君は、その都度、先生の話をして満悦に耽るのである。

「是非、会ってください」

「会わせてくれ」

ということで、佐々木ご夫妻をお茶の水にご招待させていただいたのであった。

まず私が驚いたのは、挨拶のとき握手をしたのだが、私が差し出した手は、氏の片手の半分にも足らない子どもの手に等しかった。私は両方の手で、氏の片手をしっかり掴んだつもりであるが、なんとそれでも半分にも足りない。

「いや参りました」

と恐縮する私に、

「手の大きな奴はカバの手と申しましてな、私の手相占いでは大体バカが多いんです」

深刻そうな顔でご自分の手を裏返して、手のひらを見せられた。

「へえー、先生、カバの手を裏返してバカですか。佐々木流、こりゃ面白いですね」

「西野君、きみの頭領は大物じゃよ」

と言って、大口を開けて笑われたのを思い出す。

それからも度々会うのだが、氏のパターンは未だに変わることがないのである。まず、必ず新しいジョークがあって、大笑いがあって、本日の十秒トークがある。これが何時も同一のものは一度もないから、こちらも構えて聴く。正しく臨済宗の「禅問答」の格式があるので油断も隙もないのであるが、それが限りなく楽しいのである。

あるときは山形のずうずう弁をかませた東京弁で、不整然で、「川柳斎乾舟」先生になるので、これも楽しみである。それでいて人の心を酔涙させる話術は、他に類を見ない。

いい加減と思うこともあるが、まったく嘘がない。千変万化の妙味とはこの人の話につきると思う。

氏の話のなかで、大真面目なアドバイスを西野君から聞かされ、行なわされたことがあって、今でも行なっている。

それは、天に向かって大声で誓いをたてるということである。天も神も仏も、お願いするところではないのだ。誓いを申告する対象なのである。

司馬遼太郎の『坂の上の雲』によれば、日本の国運を賭けた日露戦争の折、満州軍総括参謀長・児玉源太郎は、大きく夜明けの太陽を吸い込み、「天よ、能く能く御覧あれ。全日本軍は一兵残らず満州の野に屍を晒すとも、奉天を落とし申す」と大声で毎日絶叫したという。そして、これを部下の参謀たちも耳にし、慄然たる思いであったと書かれている。

自我を個性と呼べ、性欲を色気と呼べ、欲望を夢と呼べ

佐々木氏の交友関係の広さは驚くほどの数に及ぶ。情の深さや細やかさは本来のもので、こちらが恐縮することが多くある。兎にも角にも楽しくて、いつでも懐かしく思い出せる大人物、今後の日本からは消え去っていく至誠の人物なのであろうか。

加えて更に私が個人的に氏を評価するところは、氏が宗教の本を貪り読み、霊感者や宗教者や宗教家を訪ね回って、身延で行をしたり滝にうたれたりと、所謂おのれの行く道を深く求めたと聞かされたことである。

そして禅に入り、「捨欲」という言葉に接したとき、「欲を捨てることそのものも〝欲〟ではないのか」と考えた。生きることも欲、子孫の繁栄も、人類発展も、物欲も性欲もすべて欲という原動力ではないのかと考えるに到ったのである。このことなのである。

私も戦場では特攻としての任務と戦いのなかで、死の任務と生に就いて片時も忘れ

たことはなかった。私が生き残ったのは「死んでたまるか」という思いと「気」だったと言い切れる。つまりは生に対する欲であったのだ。

戦後、私は私の生命を救った沖縄の姫百合の娘隊の収骨と鎮魂のために鞍馬に参禅したのであった。そのときに達磨禅の哲理を学んで、私の生涯を決めることができたのであったが、それが佐々木将人氏が自ら悩み、そして悟ったことに同一の「欲」についての考え方なのである。

達磨大師は禅宗の祖である。大師は伝えたのである。即ち、人間の心は「我」と「性」と「欲」がある。我を張れば避けられる。性に傾けば逃げられる。欲を出せば嫌われる。但し、これらを脱すれば人ではなくなる。

だから、自我を個性と呼べ、
性欲を色気と呼べ、
欲望を夢と呼べ、と諭すのである。

おのれを知っておのれを忘れろ（瞑想）、
阿呆になって夢を追え（自覚）、
自覚は天恵を招く（天運）。

この達磨の哲理こそが究極の禅である。このことの切実な疑問を自ら解かれるに到った氏の苦労と思考の純粋さがたまらく嬉しく、尊敬できるのである。
私はいつでも思うのである。あの佐々木大先生はきっと早朝に起き出でて、天を仰いで神々に誓いの言葉を奉上されていることだろう。

吾―天命に生きる。
吾―運命に挑む。
吾―使命に燃ゆ。

画にしても、焼き物にしても、人の魂が響くもんじゃなければ要らないんだよ

竹内逸氏の父、
日本画家の大家、竹内栖鳳氏

この泥ちゃんも、ここに上がって酒と飯を食うんや。
明日からな、あの穴埋めるんや。飯だけは食わせてやる。

竹内逸

天衣無縫な人柄に我が意を得る

私が戦後、京都に住んで、これはと言える人物に巡り会ったのは、なんと言っても竹内逸氏であり、安井善七という大物だった。

竹内逸氏は、昭和初期の日本画家として京都の画壇を代表した大家、竹内栖鳳《たけうちせいほう》画伯の長男であった。

東山の安井という祇園近くの広大な屋敷のなかには、数奇屋の建物や洋館や茶室や白壁の土蔵が二棟、整然と点在していた。

竹内栖鳳画伯は、動物を描けばその匂いまで描いたという第一回文化勲章に輝いた達人であった。この広大な屋敷は、巨万の収益で正に芸術的環境に陶酔した先代の人生の絵画を見る思いがした。

私はここを訪ねる度、心中、些かにわけの解らぬ人の世の矛盾感に心の塞ぐ思いがしたほどであった。しかし当時は、長男逸氏の天衣無縫な人柄に我が意を得ていたのであった。

聞くところによると、竹内逸氏は京都の米軍駐留の軍司令部からの呼び出しがあったとき、自分で司令部に電話して、

「日本語のできる士官を出せ」

と英語で話して士官を呼び出し、

「〇〇時に車で迎えに来られたし」

と日本語で言ったという。広島出身の米軍二世の士官が圧倒されて、場所を調べてジープを走らせて来た。

竹内氏はその二世士官に、

「おぬしは日本人か、何処《いずこ》の日本産であるか」

と、文切りの武士言葉で訊いた。

士官は思わず直立不動の構えになって、

「私、広島よ」

と答えた。

竹内氏は門前のジープを眺めて、

「余は拘束されるわけがない。ジープに乗らぬからハイヤーで参る。ジープで案内されよ」

となった。

この話は、後日、私も交えて、そのときの二世の士官と司令官に加えて、今一人の大物で、祇園のお大尽といわれた安井善七氏の参加で催された豪華絢爛な宴のはじまりに、二世のジョージ宮本が舌を噛む話し方で一同の大笑いをかったものだ。

司令官は

「ブシドウ、ブシドウ」

と同調した。

この日の安井善七氏の堂々場を圧した最高の和服姿の貫禄に比べ、竹内逸氏は日頃のままの、アイロンも当ててないしわだらけの作務衣である。これに下駄履きで司令部に行ったという。終始武士言葉で司令官の質問に答え、宮本二世を大いに困らせたということも、このとき宮本二世から聞かされた。

逸氏は言った。

「我輩はな、かなり前から妻や娘と邸内別居でな、いわば独り者なんじゃよ。哀れと言うも愚かでな、食事は近くの仕出し屋で月ぎめで世話になっとるし、下着の洗濯も、パンツまでも出入りのおねえさんの管理下にあって、新品も段取りしてくれるのよ。数日前に声をかけておくと、家に来てアイロンもかけてくれるが、礼を言うのが面倒でな」

額に汗をかきながら、二世の士官は司令官に逸氏の言葉を通訳して告げた。突然、司令官が言ったものである。

「ユーね、ハッピー・グレイトマンね」

実に羨ましそうな労りの言葉だった。

飄々とした一流の美術評論家

私はこの逸氏に会うと、何故か祖父の若き頃の面影を思い出して、親しみが深まったものである。

逸氏の家には毎日、地方からの客の出入りがあった。

「画にしても、焼き物にしても、人の魂が響くもんじゃなければ要らないんだよ」

一流の美術評論家である逸氏の話は、私にとっても目から鱗の落ちる楽しみであった。

「置物は丸物がいいんだ！　飾りは輝いているものか華のあるものだよ」

飄々とした人品から放たれる幾多の論説は、その後の私の人生に大きく役立ったものである。


ある日の夕方、逸氏から珍しく電話が入った。

「急用ができたので強力な兵隊を二、三名、連れてきてくれんか」

何事かと急いで到着すると、珍しく楽しそうな顔で用件を話された。

「あのな、うちの一番蔵に盗人が入りよったんじゃ。今朝方に、蔵に入って銭になるようなもん探しとったら、確かに置いていたはずの軸物が二、三本消えているんや。おかしいと思って電気、全部つけたらな、なんと壁に大きな穴があって、光がなかに入りよるんや。びっくりしたがな。盗人があの大壁を破りよったのよ。偉い奴やで。苦労やったと思うわ」

部屋の奥から声があった。

「逸先生や、泥棒褒めるとは、おまはんの方が狂人やがな」

その日、なにかの用件があって竹内家を訪ねたと思える一人の中年の精悍な顔をした僧侶が口を挟んだ。

「早雲師よ、今夜はな、その泥公を捕らまえる実況劇ちゅうわけでな、この南西会の強力な兵隊崩れに来てもろたんや」

私はその日、そんな気がして特攻服で駆けつけていた。

「私らは特攻の死にいいい損ないの集団でして、世直ししとります者たちです」

と挨拶したら、

「これ以上、人々を壊しなさんなや」

それは顔と違って、静かで優しげな声だった。

「はい」

と言うしか返事のできない相貌の人物であったが、この人こそ、やがて達磨禅の研修で鞍馬に登り、私が生涯をかける脳相学に遭遇させてもらえた信楽早雲師であるとは、そのときは、夢にも知る由がなかった。

泥棒と一緒に酒盛りをする

その夜も更けんとする時刻のこと、逸氏の勘ばたらき通り、三人の盗賊が塀を乗り越えて蔵穴に忍び寄って来た。

これらが、待ち構えていた南西会の強者に捕まって、瀕死の有様で二人の前に引き摺られてきた。

「お前ら、あの軸、どこへ、なんぼで売ったんや」

逸氏が笑い声で訊くと、

「へい、大阪の阿倍野です。道端の古物屋に五千円で買ってもらいましたんや」

「この阿呆」

逸氏の声が夜に響いた。

「お前ら阿呆か、価値も知らんで盗みよったか。相場ちゅうもんがあるんや。せめて二十万円以上なら分からんでもないが、なんのつもりで蔵に穴まであけて盗んだ。

栖鳳が五千円じゃ、親父が泣きよるわ。この南西会の特攻の兄さんと直ぐに阿倍野に行ってな、どこまでも探して行方を突き止めるんや。盗品の買取りは罪やで。南西会はん、金は要るだけ出すさかい、なんとしても買い戻したいんや」

「逸先生、まかしてください」

私は連れてきた南西会きっての武闘派である小西に、

「三人のなかで一番しっかりした奴を連れて、黒のMPジョーちゃんに運転させてジープで大阪に飛んでくれ。どこまでも追いかけてくれんか。頼んだぜ」

と念を押した。

二人の南西会と盗人の二人が残って、私を入れて五人だ。

「よし、捕り物はあっけなく終わった。勝利の酒盛りだ。皆、足を拭いて上にあがれ」

泥棒二人が庭に鼻血にまみれた顔で平伏している。

「この泥ちゃんも、ここに上がって酒と飯を食うんや。おまはんら、今夜は南西会の宿舎に監禁やで。ブタ箱よりええやろ。明日からな、あの穴埋めるんや。飯だけは食わせてやる」

なんと竹内逸氏という人物はどえらい大人物だと思ったものだった。

「うまいこと考えたもんやな。泥棒つかまえて縄なうちゅうのはあるがな、泥棒つかまえて穴埋めさすちゅうのは初めてやで」

皆、どっと笑って酒を飲みほした。

なんとその泥ちゃんまでが顔を赤らめて笑いをこらえたのには、私はもう殴る気にもならなかった。

今でもこのときのことを思い出すと、何故か楽しくなる。

三巻の軸のお宝は小西が取り戻してきた。逸氏はこのとき、南西会に五万円の寄付をくれたのであった。

人材を「人財」、つまり組織の財産となることを目途として育成する

その情熱教育はすべからく人への〝しつけ〟の教えを原点とする

鏡の自分に向かって常に微笑を送り
自分をほめ称えることを習慣に……朝倉千恵子

〝しつけ〟の教えを原点とした情熱教育

私がかなり前から尊敬して止まない女性に朝倉千恵子さんという人がいる。人にはそれぞれのタイプや特徴があって、特に女性の場合、ひどく優れた人ほど、どうかと思われる側面に気付くものである。しかし彼女の場合、私のプロとしての慧眼からも、まして想念にも、ひたすら称賛が加わるという稀に見る美質に恵まれた女性なのである。

アッケラカンと放つ限りない夢と主張と自信に加え、溢れるチャーミングな笑み。「これだ!」と常に私は思うのである。

それにこそ多くの人が寄り集い、そして学び、仰ぐのである。そして私はひたすら蔭ながら敬意を送り続けるファンなのである。

私がそんな彼女に出会ってから既にかなりの歳月が過ぎた。彼女のほうでは憶えているかは定かではないが、

「貴女は必ず大成する」

と断じたのは決してお世辞でない。この私の断言を、私の生業（なりわい）と個性と知っての上で、彼女の事業発展の確信に多少なりとも役立ったものであったかは別としても、彼女へ向けての注目は、出会ったその日から始まったのであった。以来、二〇年以上が経過した。

彼女は現在、我が国における社員教育のクイーンである。株式会社新規開拓の代表として、一流二流企業はもとより、中小企業の人づくりに向けて、鍛え抜いた秀逸なスタッフとともに、日夜寝食を忘れるほど東奔西走の日々を送っている。

彼女が率いる新規開拓の教育方針は、まず社員の人材教育であり、その人材を「人財」、つまり組織の財産となることを目途として育成する。

その育成手段としての教育は、誠に峻烈を極めた情熱と精魂を打ち込んで行われる。教育すべき人々の一挙手、一動作への指導から始まり、挨拶の仕方、その時の態度、目的へ向けた一言一句とその伝達方法、達成へのプロセスと決着までのノウハウを叩き込むのである。

そこには、長年に渡っての彼女の苦闘と失敗と成功といった究極のソフトとイデオロギーが充満している。それらが生徒をして自然のうちに自己革命の快感と開眼へのエネルギーを充填するに至るのである。

それは情熱教育の成果であり、正しく朝倉千恵子という人格の効果、並びに彼女の名声によるブランドの総合力でもあるのだ。しかし、その教育は、すべからく人への〝しつけ〟の教えを原点としているものである。

思えば、かつて日本が愚かな戦争の末期に、全国の大学生を動員の上、超過酷に及ぶ短期の教練を課したことがあった。重量を負っての長距離早足で、呼吸困難にまで到る体力を気力で支えながら「号令演習」を何度倒れても中止しない日々もあって、士官候補生は軍を恨んだことも多々あったものである。

ところが士官となって戦場に立った時、それがどれ程大きく役立つものかを身を以て知ることとなったのである。砲弾の中での号令が部下の兵士の生死を分けるのである。血を吐く思いで鍛えた号令があってこそ、戦う兵士の魂を打って、弾雨の中を突っ走る勇気が出ることを知るのである。

これもあれも〝しつけ〟という教えであると、私は彼女の教室を見学する都度、号令演習の死ぬほど苦しかったことが懐かしく思われるのである。

さらには鞍馬寺での身口意行の苦痛と快感が懐かしく思い出されるのは、朝倉さんの情熱が、時として戦時の士官学校の教官に見えたり、鞍馬寺の住職にダブって見えてしまうからである。これは、彼女に申し訳ないことかもしれないが、本当のことである。

労りと褒めの習慣システム

株式会社新規開拓代表・朝倉千恵子さんのシステム習慣は、何と言っても社員に対する叱咤激励のオーバートークと、労りと褒め方のオープンステージに尽きる。

一ヶ月か三ヶ月か定かでないのであるが、全員参加の祝賞パーティが定期的にある。まずは営業の実績がライン以上を超えた社員に対し、社長自らが名前と成果を発表し、社員全員の拍手とともに会社賞、社長賞を授けるのである。それは常に全社員の意表をついた賞品であって、秘かに社長が選んだものであるという。

その他にも様々な賞があって、社長からの労りと称賛の言葉が続き、全員での乾杯となる。次から次へと奮発されたつまみがテーブル狭しと並び、談笑と嬌声が重なるのであるが、招待を受けた私は常にこの辺りで退散することになっている。


朝倉さんの話の巧さは、かつて私が付いて大きく躍進したダスキンの鈴木清一社長に匹敵する哀感がこもっている。かくして、集まった全社員は社長を愛し、尊敬し、社長を目指すことを自分に誓うのである。

朝倉さんからゴルフの話を聞いたこともない。遊びの趣味も聞かされたことがない。何故か、私には仕事と祝賀パーティに打ち込む社長の姿のみが記憶にあるのだ。そして、すべてのことに情熱をかけてやってのける実行の姿を見事だと思う。仕事、教育、そして祝賀、この繰り返しが習慣と言えるのであろう。

朝風呂、朝酒、朝笑い

昔の古臭い教えの歌に、

「小原庄助さん、なんで身上潰した。

朝寝、朝酒、朝湯が大好きで、それで身上、潰した」

というのがあった。

ところで朝倉千恵子さんも、朝寝はないにしても「風呂と酒」は断じて止めることのない習慣だと言う。しかも風呂は必ず朝晩二回を欠かさず、朝食からビールは付き物で、夜の食事には当然としても昼食にも景気付けの一気飲みとあっては小原庄助さんも脱帽というところだろう。しかし、小原庄助さんとは逆に、それが彼女の仕事だけでなく、人生までも目に見えてグレードアップさせていくのである。これを聞くと、ますます楽しく、頼もしく、快哉を叫びたくなるのである。

さらに加えて、私の口癖である「鏡の自分に向かって常に微笑を送り、自分を褒め称えること」、これが彼女の長年に渡っての習慣と聞かされて、思わず、「やった！」

と心中で喝采を放つ私である。

一日二回の風呂で心身の洗濯、
食事前の一本のビールで活力の接収
毎日鏡に向かっての微笑で自己キャラの確立
習慣脳は、まさに朝倉千恵子の魅力をますます増していくのである。

⦿朝倉千恵子

あらゆる人の心に最上の宝珠、自ら輝きを放つ智慧の光がある

人間は心を追い出すことができる

昨日のことは悔やまず、
明日のことは案じないで、
笑って夜は眠りなさい……………………達磨

禅は頭の波動を整理する

達磨《だるま》大師は紀元五世紀頃、南インドの東海岸にあった香至国（こうしこく＝カンチープラ）の第三王子として生まれた。名前は菩提多羅（ぼだいだら）といった。後に釈尊直伝の仏法を継承した二七代目の祖師・般若多羅（はんにゃだら）の弟子となり、得度して菩提達磨と改名している。

般若多羅と菩提多羅との最初の出会いについて、有名かつその後の達磨を理解するのに重要な逸話が残っているので簡単に紹介する。

般若多羅が香至国を訪問した際に、達磨の父である香至王よりたいへん美しい珠をいただいた。般若多羅がそれを王の三人の王子たちに見せたときの話である。般若多羅は三人の王子に問いかけた。

「この珠より美しく、素晴らしいものがこの世にあろうか？」

上の二人の王子たちは、口を揃えて

「それ以上の美しいものはございません」と答えた。

しかし第三王子の菩提多羅は否と答えたのである。

「いいえ、その美しさは日の光に反射しているだけで、珠自身の輝きではありません」

この答えに驚いた般若多羅は、

「すると、これ以上の宝珠があると申すのか?」

「はい、自ら輝きを放ち、決して壊れることのない宝珠があります」

「一体それはどこにあるのか?あなたはそれを持っているのか?」

「はい。私だけでなく誰もが自分の内に持っています。あらゆる人の心に最上の宝珠があります。それは自ら輝きを放つ智慧の光です」


達磨の思想が、この時期にすでに立派な形となっている。これは後の世の私たちに大いなる勇気を与えてくれる感動的なエピソードである。

その後の達磨については、中国に渡り、時の皇帝であった武帝と宗教問答をし、武帝に見切りをつけて嵩山の少林寺に向かう。少林寺では壁に向かって九年間座禅をし、やがて禅の開祖となるなど、数々の有名な逸話に溢れている。

少林寺で壁に向かって座禅すること九年、達磨はやがて高弟となる慧可（えか）と出会う。その後は精力的に弟子を増やし、この達磨禅を源流として五家七宗といわれる中国禅の大きな流れが形成されていくのである。やがてこれは我が国にも伝わり、鎌倉時代には栄西、道元などの名僧を生み、臨済禅、曹洞禅として日本文化に大きな影響を与えていく。


その後の達磨大師は「二入四行論」という独自の生き方への取組みを説いた。簡単に言えば、これは「作為のない生き方」への教えである。

達磨の禅の思想は、仏教の複雑な教学体系に埋没するのではなく、本来仏性を備えた自分を発見することによって成仏せよと説く平易なものである。これを「人間本来仏」と言う。達磨の思想はここを原点として、「二入四行論」に凝縮されていった。「二入」とは理から入ること（理入）と、行から入ること（行入）の二つの方法であり、「四行」はその実践の心構えである。

①報寃行（ほうおんぎょう）苦難は自分の過去の行いや求める心から生じる。これに対して不平の心を抱かない。

②随縁行（ずいえんぎょう）苦楽は現象にすぎない。杞憂をいだくことなく、泰然として平常心を保つ。

③無所求行（むしょくぎょう）焦り求める心は苦の種子となり、安心が不可能となる。充実をもって道を進める。

④称法行（しょうほうぎょう）無駄や余分についた垢を拭い去り、塵を払うことで真理を理解し、理にかなった行為ができる。

禅とは脳の切り替えである。これが達磨の極意その一である。一晩中座っていなくても、たとえ一〇分でも脳の切り替えはできる。悩みや苦しみに満ちた黒い頭を白くするのは、自分の頭の切り替え一つでできるのだ。年寄りが居眠りするときのようなθ波で、ゆっくりとゆっくりと深呼吸を繰り返しながら切り替えて行けばいいのである。

頭の波動を整理するのが禅である。これを我が師・鞍馬山の信楽早雲はいつもトクトクと説いたものであった。

さて次に、達磨の極意その二は「明日のことは案じないで笑って眠る」ということである。

達磨は心を体から放せと言う。心は頭の中にはない、心は人間の周辺にある。頭の中にあるのは魂だけだ。それは心ではなくて魂なのだ。心というのは常に体の外に浮遊しているものだと達磨は言っている。

もし心が頭の中にあったら、明日のことを考えたら眠れないよと達磨は言う。明日のことなど考えずに、心には出て行ってもらって、眠りにつくのだよと。

眠るというのは、毎日の習慣だから、ニューロンというものを通してシナプスというものに言って聞かすということだ。夜になったら心を排除してしまう。心があったら休めない。

心を外に出しなさい。脳から出した心は臍下丹田に収めなさい。そこにさえ持っていけば、禅でも左の手の中に右手を入れて、これで丸を作って、そこに心が入る。それがそのまま臍下丹田に収まる。

こうして眠るときには、心には、どこかに遊びにいってもらい、朝になったら帰っていらっしゃいということだ。

達磨の提唱する「休息脳」というのは、「昨日のことは悔やまないで、明日のことは案じないで、夜はゆっくり安息しなさい。笑って眠りなさい」ということである。そして、「笑って眠るということを子どものときからの習慣にしなさい」と達磨は説く。子どもでも笑わせて寝かせなさい。お化けの話などをして恐がらせて寝かせてはいけない。常に童話でも笑いのあるお話をしなさいと。なぜなら睡眠に入るときに緊張した脳は、休むことなく悪い夢を紡ぐからだ。

大人になってもにっこり笑って眠るということは、脳の完全休息である。心はもともと脳の外にあるのだから、眠るときには心を切り離して、悔やまない、明日のことを案じない、笑って眠るのだということが長生きの秘訣である。これが「長命脳」なのだ。

今の時代、夜になっても寝ていても、みんな心ここにあらずで、苦しんでいるのである。しかし、睡眠導入剤を飲むよりも、心を放すことのほうが先なのだ。ところが生きることは心配ばかりで、不安と絶望が亡霊のように脳にまといつき、常に心からそれらが離れない。眠るときだけでも心が離れれば、人間の体のメカニズムとして心配はないのだ。

これはなんと言っても哲学の基本であろう。

心は己の体外にある

達磨は、人間は心を追い出すことができると教えた。そうしないと非常に苦しむ。心があるから苦しむのだ。しかし幸いなことに、人間は心を放つことができる。脳の中には心がないからだ。だから心は臍の下、臍下丹田に持っていけばいいのだ。これが禅の一つの哲理なのである。武士が切腹するのは、心を斬るのである。人間と心の出会いは昔からさまざまあるけれども、心が切磋琢磨し、心が動き、心が頭を動かし、心が人を休ませる。その心の位置は頭の中にはないのだ。外にあるのだ。外から人間をカバーしているのが心なのである。

達磨大師の生きておられた昔から、人間にとって「心」は厄介なものだったのである。こうした厄介なものを引きずりながら、それでも生きるパワーを全開にして魅力的に生きている人たちがいる。

私は是非、もっと多くのみなさんに、明るく、幸せに生きて欲しいと思うのである。鬱の時代と言われる現在、自分の不幸を社会や政治のせいにする前に、一つ自分の脳を切り替えてみようではないか。そのためには自分なりの習慣を持とう。その習慣があなたを魅力ある人間にし、明るい明日へと導いていくに違いないのだ。

さて最後に、重要なことを伝えよう。

習慣を持たない人間は「魅力人間」になれないということである。

◉達磨

習慣とは個性づくりであり、顔づくりである。
個性がその人の人格を決める。
座禅や瞑想は脳を洗う。
そして、人を褒めるということは、相手の心をひらくことだ。
これが洗脳である。
まず自分を洗脳してみたらどうだろうか？

あとがき

ここに書き留めた私の言う大物とは、「天空に開いた花火の大輪」のように、人の頭に消えて心の底に残る感動の故人達に加え、いま正に「天空に打ち続ける感銘の花火師」と尊敬する大物の知友も書き添えました。

しかもそれらの人々が格別に大物への習性のこだわりを生活にも取り入れているのではなく、ごくありきたりな日常の生活手段のなかで、もっとも単純で明快な慣習や思考を貫いて、それを己への励ましとしたことを、私は知ることができたからです。

よって、そのことを書き、このことも参考に、と大望を目指すお主たちへ。

戦争に負けても外交に勝った（外交家）

日本人の生命を救った（政治家）

あとがき

武士道文化を再現した（文士）
列島に改造の夢を与えた（政治家）
世界のモーターレースに社運をかけた（職人）
空手チョップで日本人を立ち上がらせた（プロレスラー）
駐留米軍の本部を「誑《たぶら》かした」（事業家）
米軍を手玉に取った（芸術家）

等々の大物達が贈る勇気と才覚への応援歌なのです。

一流とは何か

著　者　藤木相元
岡井浄幸

発行者　真船美保子

発行所　KK ロングセラーズ
〒169-0075　東京都新宿区高田馬場4-4-18
電話　03-5937-6803（代）
http://www.kklong.co.jp

印刷・製本　大日本印刷（株）

ISBN978-4-8454-2524-2
Printed in Japan 2024

本書は2010年10月に弊社で発行した『大物たちの人間力』を改題改訂して出版したものです。